Erläuterungen und Dokumente

Gotthold Ephraim Lessing
Minna von Barnhelm

D0752524

VON JÜRGEN HEIN

PHILIPP RECLAM JUN. STUTTGART

Lessings »Minna von Barnhelm« liegt unter Nr. 10 in
Reclams Universal-Bibliothek vor

Universal-Bibliothek Nr. 8108
Alle Rechte vorbehalten
© 1970 Philipp Reclam jun. GmbH & Co., Stuttgart
Bibliographisch ergänzte Ausgabe 1977
Gesamtherstellung: Reclam, Ditzingen. Printed in Germany 1990
RECLAM und UNIVERSAL-BIBLIOTHEK sind eingetragene
Warenzeichen der Philipp Reclam jun. GmbH & Co., Stuttgart
ISBN 3-15-008108-4

I. Wort- und Sacherklärungen

Personen

verabschiedet: aus dem Kriegsdienst entlassen.

Minna: in der Regel Kurzform von Wilhelmine oder Hermine; viell. Anspielung auf ahd./mhd. minna ›Liebe‹. Im 18. Jh., zumindest seit Lessings Stück, ein beliebter weibl. Vorname.

Oheim: Heute allgem. durch das gleichbedeutende frz. ›Onkel‹ zurückgedrängt; alter germ. Herkunft und urspr. wohl nur den Mutterbruder bezeichnend.

Just: von lat. Justus, der Gerechte.

gewesen: veraltet für ehemalig.

Feldjäger: Angehöriger einer besonderen preuß. Truppe, meist Überbringer von Meldungen oder Befehlen (Kurierdienst).

Saal: Eingangshalle.

Erster Aufzug. Erster Auftritt

sitzet: veraltet; noch vorhandener Flexionssilbenvokal; vgl. auch I, 4 *beleidiget,* I, 8 *Lieset,* I, 12 *meinest.*

Schurke: seit Ende des 16. Jh.s gebräuchlich, wohl von ahd. (fuir)scurgio ›Feuerschürer‹ für furcifer ›Teufel‹.

Du, uns?: Sprechen in Ellipsen (griech. ἔλλειψις ›Mangel‹), in nicht vollständigen Sätzen, als Ausdruck erregter Rede.

vermaledeit: von lat. maledicere ›verwünschen, verfluchen‹.

Zweiter Auftritt

Er: damals gebräuchliche Anredeform für Personen ›niederen‹ Standes; Standespersonen gebührte das ›Sie‹, vor dessen Aufkommen ›Er‹ zunächst als vornehmere Anrede galt.

Großen Dank: dem frz. ›grand merci‹ nachgebildete Höflichkeitsfloskel.

Sein Diener: dem frz. ›votre serviteur‹ nachgebildet, ebenso Höflichkeitsfloskel.

Wer wird seinen Zorn über Nacht behalten?: Anspielung

auf ein Wort des Apostels Paulus: »Lasset die Sonne
nicht über eurem Zorn untergehen« (Eph. 4, 26).

Ebenso christlich, als ...: ›als‹ im 18. Jh. allgemein gebräuchlich für vergleichendes ›wie‹, vgl. auch II, 6 *eben-
sowenig leiden als.*

Meinen Herrn! ...: Sprechen in Ellipsen, s. Anm. zu *Du,
uns?* I, 1.

ein ander Zimmer: flexionslose attributive Form des Adjektivs beim Substantiv; in der Sprache des 18. Jh.s noch
häufig anzutreffen, vgl. I, 6 *ihr eigen Leben,* III, 7 *ein
neu Quartier.*

Szene: hier ›Seite und Hintergrund der Bühne (Kulisse)‹.

kömmt: von ahd. kumit, mhd. kümt; im damaligen Sprachgebrauch noch neben ›kommt‹. Die nur in der 2. und
3. Pers. Sg. auftretende Umlautbildung wurde von den
umlautlosen Formen verdrängt.

überwachten: überwachen: die Nacht durchwachen; hier
›übernächtigten‹.

Bald: beinahe, fast.

meiner Gesundheit seine Grobheit entgelten lassen: entgelten früher mit dem Dativ, heute mit dem Akkusativ.

Grobian: verkürzt aus ›grobianus‹, komische latinisierende
Substantivbildung zu ›grob‹. Seit Ende des 15. Jh.s (Se-
bastian Brant) gebräuchlich zur Bezeichnung eines un-
höflichen, die Sitten verletzenden Menschen.

veritabler Danziger ... doppelter Lachs: echter (frz. veri-
table ›wahrhaft, echt‹), doppelt destillierter und deshalb besonders alkoholreicher Likör (Danziger Gold-
wasser), dessen Name auf den Ort seiner Fabrikation,
das Danziger Haus »Zum Lachs«, zurückgeht.

Gut Ding: flexionsloses Adjektiv, hier in formelhafter Wen-
dung als Antwort auf die Einladung des Wirts: »Aller
guten Dinge sind drei!«

Galle: Galle haben = Zorn haben; die Galle galt seit alters
als Sitz des Zorns. Zornigen Menschen ›lief die Galle
über‹ (in Herz und Blut), von sanftmütigen Menschen
sagte man, sie seien ›ohne Galle‹.

Eine vierfache Schnur ...: Vgl. Pred. 4, 12 »eine dreifache
Schnur reißt nicht leicht entzwei«, hier sinngemäß auf
›vierfach‹ umgebildet.

was hilft's Ihn: ›helfen‹ seit Luther mit Akkusativ, heute
mit Dativ.

Mores: lat., Sitten.

Jahr und Tag: urspr. eine Rechtsformel, die das volle Jahr und eine gewisse Zugabefrist meint, dann zur Redensart verblaßt.

Taler: verkürzt aus ›Joachimstaler‹, einer Münze, nach dem Ort St. Joachimsthal in Böhmen benannt, wo sie aus dem dort gewonnenen Silber geprägt wurde.

gezogen: ziehen: Gewinn ziehen, verdienen.

Heller: alte Münze, meist für Pfennig gebräuchlich; nach einer Prägung um 1200 in Schwäbisch Hall.

prompt: lat., rasch, unverzüglich, pünktlich.

aufgehen läßt: Geld ausgibt.

wenn wir nur lange: im heutigen Sprachgebrauch ist ›genug‹ zu ergänzen.

Zurückkunft: im 17. und frühen 18. Jh. für Rückkehr, Rückkunft gebräuchlich.

mutwillig: damals gebräuchlich für leichtsinnig.

unterkommen: veraltet für ›untergekommen‹; im Mhd. und Frühnhd. hatte das Partizip die vorsilbenlose Form ›kommen‹.

galant: frz., höflich, ritterlich.

Feuermauer: heute ›Brandmauer‹.

der verzweifelte Nachbar: der Nachbar, der einen zur Verzweiflung bringt, der verwünschte Nachbar; als Adjektivattribut hatte ›verzweifelt‹ damals die Bedeutung von ›verwünscht‹.

galant: hier im Sinne von ›elegant‹ (frz.) ›modisch, geschmackvoll‹, vielleicht ›standesgemäß‹.

Kamin: gebräuchlich für Ofen.

recht hübsch läßt: veraltet für ›recht hübsch aussieht‹.

vexiert: lat. vexieren: irreführen, necken.

Herr Justen: veralteter Dativ zu Just, schwach flektiert.

geschmeidig: eigtl. ›was sich leicht schmieden läßt‹, übertragen gebraucht für nichtmetallische Stoffe, auch auf menschliche Gestalt und menschliches Verhalten.

das bißchen Friede: Der Friede (heute auch: Frieden) ist gerade ein halbes Jahr alt: am 15. Februar 1763 wurde der Siebenjährige Krieg durch den Frieden von Hubertusburg beendet, »Minna von Barnhelm« spielt am 22. August 1763 in Berlin, wie aus II, 2 hervorgeht.

Dritter Auftritt

Ihro Gnaden: formelhafte Anrede der Verehrung, in der
höfisch-gesellschaftlichen Sprache des 17. und 18. Jh.s
entstanden. ›Ihro‹ wird in Verbindung mit Titeln pos-
sessiv verwendet und trägt die ahd. Endung wie im
Dat. Sg. und Gen. Pl., die aber nun in Sg. und Pl. alle
Kasus und beiderlei Geschlechter umfaßt. ›Gnaden‹ ist
ein in festen sprachlichen Formeln erstarrter Plural.

Katzenbuckel: Redensart, wenn jemand freundlich tut, aber
›falsch‹ ist, vgl. ›katzbuckeln‹ und ›katzenfreundlich‹.

Louisdor: frz. Goldmünze, unter Ludwig XIII. zuerst 1641
geprägt, der span. Goldmünze ›Pistole‹ nachgebildet;
in Preußen entsprach ihr der ›Friedrichsdor‹, nach Friedrich II. genannt, (-dor von frz. d'or ›von Gold‹). Alle
drei Münzarten hatten den Wert von 5 Talern, 500 Taler Louisdor heißt also: 100 Louisdor à 5 Taler.

Schreibepult: heute ›Schreibpult‹; in der Sprache des
18. Jh.s ist bei Zusammensetzungen oft noch der Binde-
vokal erkennbar, vgl. auch II, 2 *Schreibezeug;* daneben
schreibt Lessing aber auch I, 5 *Schreibpult.*

meine übrige Sachen: veraltete starke Beugung, vgl. auch
II, 2 *alle verdiente Männer,* IV, 3 *seine kleine Schulden,*
IV, 6 *diese üble Folgen.*

Bedienter: stark flektiert, dem lat. minister nachgebildet;
einer, der mit dem Amt des Dienens und Bedienens be-
auftragt ist.

Vierter Auftritt

Bosheit: hier ›erlittene Bosheit‹ = Zorn, Wut.

Ich sterbe: hier Konjunktiv.

hämisch: ›versteckt boshaft‹ (zu ahd. hamo ›Hülle, Hemd‹)
mischt sich mit ›heimisch‹, das frühnhd. im gleichen Sinn
erscheint (vgl. ›Heimtücke‹).

Racker: von ndl. Rakker ›Henker, Schinder‹; Schimpfwort.

Galgen ... Schwert ... Rad: die in alter Zeit gebräuchlichen
Hinrichtungsarten: henken, enthaupten, rädern.

Bestie: lat., wildes Tier.

Sondern: bezieht sich auf das offenlassende *Nein* Justs.

So? eine vortreffliche Rache!: Ironie, vgl. auch im folgenden: *Wahrhaftig?* und: *Ich bin dir sehr verbunden, Just.*

Pistolen: Vgl. Anm. zu *Louisdor,* I, 3.

alter: früherer.

Paul Wernern: veralteter Dativ, schwach flektiert.

aufzieht: aufziehen: hinhalten.

sein bißchen Armut: das wenige, was er besitzt; vgl. Gleim
    in einem Brief an Ewald von Kleist am 30. Januar 1758,
    in dem er über die Plünderung Halberstadts schreibt:
    »Jedermann trug sein bischen Armuth dem Feinde zu.«

Fünfter Auftritt

vors erste: veraltet für ›fürs erste‹.

Sechster Auftritt

Kann ich Ihnen worin dienen?: veraltet für ›Womit kann
    ich Ihnen dienen?‹ Tellheim vermeidet die direkte Frage,
    indem er das veraltete Fragewort ›worin‹ an den Schluß
    der Frage stellt; vielleicht Ausdruck der Höflichkeit.
    Wiederholend fragt er direkt.

die stärkere Natur: gemeint sind die Bande des Blutes.

Vorsicht: im damaligen Sprachgebrauch üblich für ›Vor-
    sehung‹.

Equipage: frz., hier ›Bekleidung und Ausrüstung des Offi-
    ziers‹.

Handschrift: hier ›Schuldschein‹, weil dieser eigenhändig
    unterschrieben sein mußte.

mich ... abzufinden: eigtl. ›sich mit jemand einigen, indem
    man dessen Ansprüche befriedigt‹, hier ›sich bedanken‹.

sobald ich sein Vater sein kann: sobald Tellheim die Mittel
    dazu hat, das Kind der Frau von Marloff zu unter-
    stützen.

Verwirrung: im 18. Jh. häufig für ›Klemme‹, finanzielle
    Verlegenheit.

in dem eigentlichsten Verstande: veraltet für ›Verständnis‹;
    im eigentlichsten Sinne des Wortes.

fodern: Seit dem Mhd. gibt es die Nebenform ›fodern‹ zu
    ›fordern‹, die sich in der Sprache des 18. Jh.s, bes. in der
    Poesie, großer Beliebtheit erfreute.

Belohnung: hier in etwas anderer Bedeutung als heute, etwa
    ›möge es Euch der Himmel lohnen oder entgelten‹.

Siebenter Auftritt

Ich muß nicht ...: ›müssen‹ veraltet für ›dürfen‹.
Bettel: verächtlich für Kleinigkeit. Vgl. Anm. zu III, 5.

Achter Auftritt

Taler: Vgl. Anm. zu I, 2. Ein Taler hatte 24 Groschen, ein
   Groschen 12 Pfennige.
Summa summarum: lat., die Summe der Summen (End-
   summe); alles in allem.
Feldscher: auch Feldscherer, Barbier und Wundarzt beim
   Militär.
abgebrannter ... Vater: einen abbrennen: ihm Haus und
   Hof anzünden; davon *abgebrannt* ›arm, ohne Geld und
   alle Mittel‹.
Liverei: von frz. Livrée ›Dienerkleidung, die vom Dienst-
   herrn gestellt wurde‹.
Lazarett: von ital. lazeretto ›Krankenhaus für Soldaten‹
   (nach dem hl. Lazarus genannt, dem im Mittelalter eine
   Art Krankenhaus für Aussätzige in der Nähe von Jeru-
   salem geweiht war).
krepieren: von ital. crepare, derb für ›sterben, verenden‹.
Wofür siehst du mich an?: veraltet für ›Wofür hältst du
   mich?‹
ungestüm: heftig, wild; Verneinung des untergegangenen
   mhd. Adjektivs gestüeme ›sanft, ruhig‹.
tückisch: boshaft, Adjektivbildung zu ›Tücke‹, mhd. tuc
   ›Schlag, Stoß, listiger Streich, Kunstgriff‹.
dem er hört: dem er gehorcht, auf den er hört; im alten
   Sprachgebrauch Dativ statt Präpositionalobjekt.
vergessen Ihrer: ›vergessen‹ früher mit dem Genitiv, heute
   mit Akkusativ.
Blessuren: frz., Wunden, Verwundungen.

Neunter Auftritt

nachweisen: zeigen, auf etwas hinweisen, einem den Weg
   weisen.
Kompliment: frz., Gruß, Empfehlung, Höflichkeitsbezei-
   gung.
weiß zu leben: dem frz. ›savoir vivre‹ nachgebildet = hat
   Lebensart.

erkenne: anerkenne.
Empfehl: veraltet für Empfehlung.
Fräulein: von mhd. fröuwelin, vornehmes, edles Mädchen;
   Standestitel für die Töchter des Adels, im 18. Jh. dann
   auch auf Bürgertöchter ausgedehnt. Als somit auch ›Un-
   edle‹ ›Fräulein‹ genannt werden durften, nahm der Adel
   den Titel ›Gnädiges Fräulein‹ für sich allein in An-
   spruch. – Vgl. auch Gretchen in »Faust« I, nachdem
   Faust sie mit dem Titel ›Fräulein‹ anredet: »Bin weder
   Fräulein, weder schön ...«
darnach: veraltet für danach.

Zehnter Auftritt

empfindlicher: peinlicher, unangenehmer.
Friedrichsdor: Vgl. Anm. zu *Louisdor,* I, 3.
wohlfeil: von mhd. wolfeile ›billig, niedrig im Preis‹.
auf dem Kaffeehaus: ›auf‹ in der Sprache des 18. Jh.s noch
   häufiger statt der Präposition ›in‹ gebraucht, vgl. z. B.
   ›auf dem Theater‹.
Pistole: einhändig gebrauchte Handfeuerwaffe, vgl. tschech.
   pištal ›Pfeife‹, frz. le pistolet ›Feuerwaffe‹.

Eilfter Auftritt

Eilfter: eilf: elf von mhd. ein-lif; lif steht für 10, elf ist
   eins darüber.
kahl: bildlich für arm, mittellos.

Zwölfter Auftritt

gewohne: veraltet für gewohnt; gewohne werden: veraltet
   umgangssprachlich für sich gewöhnen.
Prinz Heraklius: georgischer Fürst, der die beiden unter
   persische Gewalt geratenen Teile Georgiens von der
   Fremdherrschaft befreite und sich 1760 zum König dieser Länder machte; 1770 verbündete er sich mit den
   Russen zum Kampf gegen die Türkei.
Morgenland: die Länder im Osten des Mittelmeers (Orient),
   bes. Vorderasien, zuerst bei Luther, u. a. Matth. 2, 1 und
   1. Mose 25, 6 für griech. ἀνατολή ›Aufgang, Osten‹.
Die Weisen aus dem Morgenlande: Just denkt nicht an die

biblischen drei Weisen, sondern an die sog. Sternsinger,
Kinder, die vor allem in Süddeutschland zwischen Neu-
jahr und Dreikönigsfest kostümiert und singend durch
die Straßen ziehen.

nächster Tage: absoluter Genitiv, vgl. morgens, abends.

Ottomanische Pforte: das große Tor des kaiserlichen Pala-
stes in Konstantinopel; pars pro toto, bildlich für die
Türkei (›Ottoman‹ von Osman, 1288–1326, dem Grün-
der des mohammedanischen Großreichs, das im 14. und
15. Jh. von der Türkei aus die ganze Balkanhalbinsel
und die Nordufer des Schwarzen Meers beherrschte).

heilen sich die Haut: pflegen ihre Wunden (und liegen auf
der faulen Haut).

den Türken: die Türken, generalisierender Singular.

Kerls: volkstümliche nddt. Pluralform von ›Kerl‹, das
urspr. ganz allgem. ›Mann‹ bedeutete und im 18. Jh.
sehr beliebt war, so bei friderizianischen Soldaten oder
im Sprachgebrauch des Sturm und Drang.

nicht halb so lustig ... als ... wider den Franzosen: Ein
Feldzug gegen Frankreich wird wohl in Erinnerung an
die Schlacht bei Roßbach als lustig bezeichnet, wo Friedrich der Große am 5. November 1757 mit nur 22 000
Mann und 72 Geschützen über 43 000 Mann und 109 Ge-
schütze siegte.

in jenem Leben: d. h. im Leben nach dem Tode, da ja der
Krieg gegen die heidnischen Türken zugleich als gott-
gefällige Tat angesehen werden konnte.

haben dir: umgangssprachlich; charakterisiert Werner.

Säbels: volkstümlicher Plural, vgl. *Kerls.*

Schulzengericht: Hofgut, mit dem das Amt des Schulzen,
des Bürgermeisters, verbunden ist; Werner besaß sogar
ein Freischulzengericht (vgl. III, 4), d. h. ein Hofgut
ohne steuerliche Abgaben.

Dukaten: urspr. in Venedig geprägte Goldmünzen. Sie be-
kamen ihren Namen nach der Umschrift ›Sit tibi Christe
datus quem tu regis iste ducatus‹ (Dir, Christus, sei
dieses Herzogtum gegeben, welches du regierst). Seit
1559 dt. Reichsmünze, wurde der Dukaten in Süddeutschland bis 1871 geprägt. Er hatte einen Wert von
3 Talern.

auf den Kauf: als Anzahlung, ›Angeld‹.

sauer machen: schwierig, mühsam, verdrießlich machen.

Affäre: Gefecht, von frz. affaire.

Katzenhäuser: Anhöhe in der Nähe des Dorfes Katzenberg bei Meißen, 1760 Schauplatz eines Gefechtes zwischen Preußen und Österreich, 1762 mehrmals Kriegsschauplatz. Daß Werner weder die Kämpfe bei Roßbach noch die bei Leuthen erwähnt, sondern die vergleichsweise weniger bedeutenden bei den Katzenhäusern, wirft ein bezeichnendes Licht auf die Perspektive, unter der er den Krieg sieht. – Gottsched spricht in einem Brief vom 21. Oktober 1762 von den Katzenhäusern: »Die tapferen Preußen haben ihre Katzenhäuser: wo sie so sicher stehen, wie der Kater auf einem Baume: wenn gleich alle Hunde sich vor Zorn zerreißen wollen.«

Disposition: lat., Plan, Gliederung, z. B. der Gefechtsordnung (Strategie); auch ›wohlgeordnete Rede‹.

Perlen ... vor die Säue: Anspielung auf Matth. 7, 6: »... und eure Perlen sollt ihr nicht vor die Säue werfen.«

Winspel: auch Wispel: Getreidemaß (zusammengesetzt aus wich – schepel, worin das Wort Scheffel steckt; Scheffel = ebenfalls ein Getreidemaß).

sobald als du willst: veraltete doppelte temporale Konjunktion; heute: sobald du willst.

versetzen: ahd. farsezzen ›als Pfand setzen‹, zu ver- = für (vgl. mhd. fürsaz ›Pfand‹).

der Possen: Streich.

Tabagie: frz., Rauch- und Trinkhaus.

brav: seit dem 16. Jh. aus frz. brave ›tüchtig‹, volkstümlich auch als Verstärkung gebraucht.

Sengen und brennen: Synonyme, Stilfigur Hendiadyoin (griech., ›eins durch zwei‹), dient zur Ausdrucksverstärkung.

Packenecht: Troßknecht. Pack oder Troß: Fuhrpark, früher alles beim Heer Mitgeführte.

Hure: Frau, die ihre Liebe verkauft. An diesem Wort entzündete sich ein Streit zwischen Lessing und einigen Kritikern, die es auf der Bühne zu anstößig fanden; vgl. die in Kap. V abgedruckten Texte.

verdammt: hier zur Intensivierung einer Eigenschaft.

Zweiter Aufzug. Erster Auftritt

Negligé: frz., wörtlich: das vernachlässigte (Gewand), also Morgenrock oder Hausanzug.

verzweifelten ... Städten: Vgl. Anm. zu *der verzweifelte Nachbar,* I, 2.

Die Karossen ... zu fluchen: Fünf Subjekten entsprechen in diesem Satz fünf genau passende Prädikate.

Karosse: frz., von lat. carruca, Prachtwagen, vornehme Kutsche.

Korporal: frz., Unteroffizier.

vor langer Weile: Die Adjektiv-Substantiv-Fügung wurde im 18. Jh. noch getrennt geschrieben.

putzen: schmücken, zurechtmachen.

versuchen: anprobieren.

den ersten Sturm geben: aus der Militärsprache, das Bestürmen einer Festung.

Kapitulation: Übergabe einer Festung, die nicht verteidigt wird oder gestürmt ist.

das Kompliment darüber machen lassen: haben machen lassen; ›haben‹ konnte in Nebensätzen dieser Art damals fehlen, vgl. auch V, 12 *nicht lassen wollen.*

Aufwartung: Höflichkeitsbesuch.

Maul: noch nicht verächtlich gebraucht (vgl. Luther).

unterm Schlosse: unter Verschluß.

öfter: auch ›öfterer‹, Nebenform des Komparativs ›öfter‹ zu ›oft‹, durch nochmaliges Antreten des Komparativ-Suffixes. Nicht selten bei Lessing.

Anmerkung: Bemerkung.

Ökonomie: griech., Wirtschaftlichkeit, Sparsamkeit.

der Treue ... erwähnen: ›erwähnen‹ war urspr. mit dem Genitiv verbunden und wurde so bis ins 19. Jh. gebraucht; heute mit Akkusativ.

Du Unglückliche: Du Unglücksbotin.

Gegenpart: dt.-lat. (lat. pars ›Teil‹), in der Rechtssprache entstanden, bezeichnet urspr. den Gegner (vor Gericht).

wie lange haben wir schon Friede: Akkusativ heute ›Frieden‹, im Nominativ ›Friede‹ neben ›Frieden‹ gebräuchlich.

die Posten: Plural von ›Post‹, nach der Vorstellung von ›Postwagen, Postsendungen‹.

Verwirrung: Vgl. Anm. zu I, 6.

Nachweisungen: Beweismittel, durch die Ansprüche begründet werden, also z. B. Rechnungen. – Nach dem Frieden von Hubertusburg wurden fast alle Freibataillone aufgelöst *(sein Regiment ward … zerrissen).* Die verdienten Soldaten blieben ohne Abfindung und kamen in finanzielle Verlegenheit. Tellheim diente als Fremder (Balte, Kurländer, vgl. II, 6) in einem solchen preußischen Bataillon.

Zweiter Auftritt

einen untertänigen guten Morgen zu wünschen: untertänig einen guten Morgen zu wünschen.

unter meinem schlechten Dache: in meinem Haus; schlecht: Bescheidenheitsformel (›schlicht‹).

blöde: damals für ›schüchtern, zaghaft‹.

hiernächst: danach, dabei; bei Lessing auch ›demgemäß‹.

Wir Wirte sind angewiesen …: Anspielung auf die Spitzeldienste, die die Wirte damals verrichteten, zugleich Satire auf die pedantischen Verordnungen der Polizei.

Charakter: hier ›Stand, Beruf, Stellung‹.

gehörigen Orts: passenden Orts; hier Umschreibung für ›Behörde, Polizei‹.

Dato, den 22. August a. c.: Dato: Dativ des lat. Datum (Gegeben), a. c.: anni currentis, des laufenden Jahres.

Dero Namen: parallel zu Anrede ›Ihro‹ gebildet, vgl. Anm. zu *Ihro Gnaden,* I, 3. Höfliche Redewendung, die für ›ihr‹ oder ›ihre‹ steht; die Endung entstammt dem urspr. ahd. Genitiv Plural.

… aus Sachsen zu sein: satirische Anspielung auf den übertriebenen Patriotismus der Preußen nach dem Krieg.

wo: veraltet für ›wenn‹.

Distrikte, Provinzen: Verwaltungsbezirke.

exakt: frz.-lat., genau.

Thüringen: die Teile Thüringens, die zum Kurfürstentum Sachsen gehörten.

Aufgebot: vorherige öffentliche Bekanntmachung eines Rechtsvorganges, vor allem einer Eheschließung.

Händel: Plural von ›Handel‹, allgem. ›Geschäft, Angelegenheit‹, bes. ›Prozeß, Streit‹.

Franziska Willig: ›sprechender‹ Name eines Dienstboten.

Klein-Rammsdorf: Dorf bei Borna in Sachsen.

Hof: Sitz der Gutsherrschaft.

Lichtmeß: Mariä Lichtmeß, kath. Feiertag (2. Februar), an
   dem die zum kirchlichen Gebrauch bestimmten Kerzen
   für das ganze Jahr geweiht werden.

auf: für.

bei des Königs Majestät: veraltet für ›bei Seiner Majestät
   dem König‹.

Justizkollegiis: Dativ Plural; Fremdwörter wurden im
   18. Jh. meist nach den Regeln der fremden Sprache flektiert.

Frauenzimmer: von got. timr, ahd. zimpar ›Wohnung‹; zunächst Bezeichnung für Frauengemach, Wohnraum, in
   dem sich Frauen, meist weibliche Dienerschaft, aufhiel-
   ten. Dann kollektiv die in diesem Raum wohnenden
   Frauen selbst bezeichnend, schließlich übertragen auf
   Frauen allgemein, und zwar in der Regel Bezeichnung
   für vornehme Frauen. Im 18. Jh. meist als Bezeichnung
   für ein Individuum, eine feine, gebildete Frau, gebräuchlich. In der 2. Hälfte des 18. Jh.s dann auch Aus-
   dehnung des Begriffs auf bürgerliche Frauen (z. B. bei
   Gellert). Im weiteren Verlauf trat die kollektive Bedeutung ganz in den Hintergrund und die abschätzige
   Bezeichnung für eine Frau in den Vordergrund.

wegzukapern: von ndl. kapern, Kaper ›Seeräuber‹.

die Nasenweise: nase(n)weis: urspr. vom Jagdhund ›mit
   feiner Witterung, mit Spürsinn begabt‹, um 1500 iro-
   nisch übertragen auf den Menschen, ›vorlaut, keck‹.

meine Wenigkeit: der lat. Demutsfloskel ›mea parvitas‹
   nachgebildete Umschreibung für ›ich‹, Gegensatz zu
   ›Hoheit‹.

zu nehmen: zu benehmen.

Zufall: Im 18. Jh. unter Einfluß des frz. accident ›unglück-
   licher Zufall‹ erhält Zufall geradezu die Bedeutung
   ›Unfall, Vorfall‹.

sich entdecken: sich jemandem offenbaren.

bedeutende Miene: hier noch im urspr. Wortsinn, d. h. als
   ›bedeutsam‹ verwendet.

traktieren: lat., veraltet für behandeln.

einnehmen: Leute, Gäste zu sich hereinnehmen, bei sich
   aufnehmen, vgl. Klopstock, »Der Messias« V, 75: »Die
   Hölle nahm mehr [Seelen] in die ewige Nacht ein.«

während des Krieges: in der Handschrift ›währendes‹ = absoluter Genitiv des Partizips; später präpositionale Bildung mit Genitiv.

Apropos: frz., bei dieser Gelegenheit, übrigens.

Karat: Gewichtseinheit für Edelsteine, abgeleitet von dem Gewicht eines Samenkorns, griech. κεράτιον ›Samenkorn des Johannisbrotbaums‹, etwa 0,2 g.

funfzehnhundert: ›funfzehn‹ und ›funfzig‹ sind ältere, z. T. bis heute neben ›fünfzehn‹ und ›fünfzig‹ erhaltene Formen, der Umlaut kam urspr. nur der flektierten Form ›fünfe‹ zu.

unter Brüdern: billig gerechnet wie unter Verwandten oder Genossen.

Kasten: Fassung des Edelsteins, ital. cassettone.

verzogener Name: verschlungener Name = Monogramm.

Weisen: urspr. wissend machen, jemanden durch Zeigen führen; ›weisen‹ war zunächst allgem. für ›zeigen‹ gebräuchlich, das erst langsam aus der Schriftsprache in das Deutsche eindrang, dann setzte sich ›zeigen‹ immer mehr durch, während ›weisen‹ eigtl. nur noch in der Dichtersprache einerseits und im Umgangssprachlichen andererseits gebräuchlich ist.

herschreibt: sich woher schreiben: seinen Ursprung woher haben.

Vorbewußt: veraltet für Vorwissen (ähnliche Bildung wie Vorbehalt).

verändert: gewechselt.

Schatulle: mlat. scatula ›Schachtel; Schatzkästchen‹.

Schuldner: hier: Gläubiger, so öfters bei Lessing.

Wechsel: Schuldschein, dessen Aussteller sich verpflichtet, an einem bestimmten Tag an eine bestimmte Person die auf dem Wechsel genannte Summe zu zahlen.

Häßlicher: hassenswerter.

Fix: lat., fest; umgangssprachl. für gewandt, schnell.

hurtig: schnell, gewandt, vor allem auf die Bewegung der Glieder bezogen, da aus dem Turnierwesen und ritterlichen Lanzenkampf kommend; mhd. hurt ›Stoß, Anprall‹.

Dritter Auftritt

Was steht dir … an?: Was gefällt dir?

blessiert: frz., verwundet.

Vierter Auftritt

ungeschliffen: grob, ungesittet, wohl nach lat. impolitus, schon mhd. in übertragenem Sinne gebraucht.

Sechster Auftritt

komplimentieren: frz., eine Empfehlung, eine Höflichkeits-
bezeigung machen.

Kurland: Herzogtum im Baltikum bis 1795, dann russische
Provinz.

Schlingel: ungezogener, frecher Kerl, früher auch ›Schlün-
gel‹, wohl zu ›schlingen‹, schlendern (16. Jh.).

Siebenter Auftritt

gen: ältere Zusammenziehung aus ›gegen‹.

Mädchens: volkstümlicher, umgangssprachl. Plural.

wollüstig: im damaligen Sprachgebrauch ›lebenslustig‹.

wirblicht: Nebenform zu ›wirblich, wirblig‹; frühnhd. Ab-
leitung von ›Wirbel‹ = in wirbelnder Bewegung, in Dre-
hung befindlich, auch: flüchtig, leichtfertig oder ver-
wirrt, schwindlig in übertragener Bedeutung.

Achter Auftritt

flieht: eilt.

... daß ich noch das Fräulein von Barnhelm bin: und noch
nicht Frau von Tellheim.

Neunter Auftritt

ohngeachtet: veraltet für ›ungeachtet‹.

melancholisch: aus der Heilwissenschaft des Altertums ins
Mittelalter überlieferter griech. Ausdruck, der die
Schwarz- und Dickblütigkeit bezeichnet als Ursache für
die Schwermut; Melancholie ist eine der vier Gemüts-
beschaffenheiten des Menschen, der je nach seiner Blut-
zusammensetzung (worin man den Grund der Tempe-
ramente sah) Melancholiker, Sanguiniker, Phlegmatiker
oder Choleriker genannt wird.

Vernunft: hier ›vernünftiger Grund‹.

Dritter Aufzug. Erster Auftritt

anspinnt: anspinnen: bildlich aus der Spinnarbeit für das
    Entstehen eines Verhältnisses, einer Verbindung.
Frauenszeug: leicht abschätzig verwendet.
Kammerkätzchen: scherzhaft, zunächst zweideutig für
    ›Kammermädchen‹.

Zweiter Auftritt

Rummel: urspr. Zahl der gleichfarbigen Karten im Pikett-
    spiel, davon abgeleitete Redensart, wenn man das Spiel,
    die Sache versteht.
wenn: wann. Beide Formen wurden zunächst nebenein-
    ander gebraucht, bes. in der Sprache des 18. Jh.s war der
    Austausch üblich.
packe: packen: derber Ausdruck für ›sich davon machen‹
    (in Aufforderungen).
Jäger: Bedienter in Jägerkleidung, saß meistens hinten auf
    dem (Jagd-)Wagen.
aufzuheben gegeben: in Verwahrung (hier: in das Gefäng-
    nis) gegeben.
Läufer: Die Läufer eilten, wie später die Vorreiter, dem
    Wagen ihres Herrn voran; sie wurden auch als Boten
    eingesetzt.
avanciert: frz., befördert.
verzweifelt wenig: zum Verzweifeln wenig.
Garderobe: frz., aber germanischen Ursprungs aus garde
    ›warten‹ und rob ›Raub‹, im Ahd. die Rüstung bezeich-
    nend, die man dem besiegten Feind abnimmt, später die
    Kleiderkammer (wo die Kleider ›gewartet‹ werden),
    dann die Kleidung selbst bezeichnend.
Spitzbube: Seit Anfang des 16. Jh.s ›Betrüger‹, später ›Dieb‹,
    wobei die Vorstellung von besonderem Geschick – vgl.
    ›spitzfindig‹ – vorliegt, bes. auch von Falschspielern ge-
    braucht, vgl. auch IV, 3.
parlieren – und scharmieren: frz., plaudern und den Hof
    machen; Justs ironisches Spiel mit den frz. Verben auf
    -ieren stellt das wahre Wesen des Läufers bloß.
Sonach: demnach, somit; wahrscheinlich aus der Kanzlei-
    sprache.
von mir getan: entfernt, fortgeschickt.
Spandau: Festung mit Gefängnis bei Berlin.

karrt: schiebt Karren, z. B. bei Bauarbeiten (natürlich zur
  Strafe!), Umschreibung für: sitzt im Gefängnis.
Komplott: frz., Verschwörung.
Kompanie: frz.-ital., Truppenabteilung.
durch die Vorposten bringen: jemandem helfen zu desertie-
  ren, durch die eigenen Reihen (Posten) hindurch zum
  Feind überlaufen lassen.
Meile: Längenmaß (dt. Meile 7,5 km), aus lat. milia, urspr. milia
  passuum ›tausend Schritt‹.
Morast: Sumpfland, Schlammboden, mit Anlehnung an
  ›Moor‹, aus frz. marais.
Schleifweg: Schleichweg; schleifen ›sich (oder etwas) auf
  dem Boden gleitend fortbewegen‹. Die Verben schlei-
  chen und schleifen sind verwandt.
nur: wenigstens.
Schwemme: Stelle an Gewässern zum Tränken und Wa-
  schen der Tiere.
Galgenstrick: Das Ding steht für die Person, die für den
  Galgen reif ist.
Avancement: frz., Beförderung.
Garnisonregiment: frz., Truppenteil, der sich an einem
  festen Standort befindet.
ein liederliches Mensch: Mensch = Neutrum, umgangssprachl.
  für eine geringgeachtete Person, die gleichsam als Sache
  aufgefaßt wird.
infam: lat., ehrlos, niederträchtig.
sahe: seit dem Mhd. Nebenform der 3. Pers. zu ›sah‹, in der
  Dichtungs- und Bibelsprache noch im 18. Jh. anzutref-
  fen.
pantomimisch: griech., durch Gebärden darstellend.
Bube: wahrscheinlich Lallform für ›Bruder‹, neben der
  Grundbedeutung ›Junge‹ verwendet für ›Lehrjunge,
  Knecht‹, bes. ›Troßknecht‹, und von daher auch allgem.
  für ›Schurke‹.
perfekter: lat., vollkommener.
Renner: Rennpferd.
Jungfer: Nebenform von ›Jungfrau‹, urspr. unverheiratete
  Dame ritterlichen Standes (vgl. Junker), auch noch im
  Bürgertum des 19. Jh.s eine ehrende Bezeichnung wie
  ›Fräulein‹, seit dem 17. Jh. auch für ›Kammerjungfer‹
  gebräuchlich.
Just empfiehlt sich: doppeldeutig, einmal eine Höflichkeits-

floskel für den Abschied, zum anderen ›empfiehlt‹ sich
der ehrliche Just gegenüber den schurkenhaften Die-
nern, über die er Franziska berichtet hat.

Dritter Auftritt

Biß: heute ›Hieb‹ in derselben Redensart.
läßt nichts übler: steht nichts übler an.
prellte: prellen: prallen machen (wurde die Tür aufgesto-
ßen).
adieu: frz., Gott empfohlen; lebe wohl.

Vierter Auftritt

Frauenzimmerchen: Vgl. Anm. zu *Frauenzimmer,* II, 2;
Diminutiv.
Potz Geck und kein Ende!: Sinngemäß: Er ist und bleibt
ein dummer Mensch. *Potz:* entstellt aus ›Gottes‹, seit
dem 15. Jh. in Flüchen.
Der eine Teufel . . .: Anspielung auf Luk. 8, 2 (sieben Teu-
fel, die aus Maria Magdalena ausfuhren) oder Matth.
12, 45.
als ins Ohr: wie ins Ohr, d. h. flüsternd, aber doch so laut,
daß Werner es hört.
Freischulzengericht: Vgl. Anm. zu *Schulzengericht,* I, 12.
Das heißt Ihn Gott sprechen: umgangssprachl. für ›das läßt
Gott ihn sprechen‹, vgl. »Nathan« (V. 3770): »Das hieß
Gott ihn sprechen.«

Fünfter Auftritt

Bettel: das Erbettelte; die Vorstellung des Bettelns ging auf
die erbettelten Sachen über, die niemand mehr benötigt,
dann schließlich – ohne an Betteln zu denken – minder-
wertige, geringe Dinge verächtlich bezeichnend.
praktiziert: lat., praktizieren: eine Sache betreiben, hier
›mit List etwas tun‹.
nichts verschlägt: ›verschlagen‹ in transitiver Bedeutung:
etwas ausmachen.

Sechster Auftritt

uneben: Verneinung von ›eben‹, das mhd. und frühnhd. häufig in der Bedeutung von ›angemessen, passend‹ auftritt, durchweg nur wieder in doppelter Negation als ›nicht uneben‹ = ›passend‹ gebräuchlich.

Schneller: Kniff, listiger Streich, eigtl. eine schnellende Bewegung, von ›schnellen‹ = prellen.

Taler..., die sie nicht wüßte, wie sie...: nicht korrekte, aber bequeme, umgangssprachliche Konstruktion, paßt sehr gut in den Sprachstil Werners.

Siebenter Auftritt

Gedenke: gedenken: Intensivum von denken, hier ›Erinnere mich nicht daran‹.

beiher: veraltet für ›nebenbei‹.

neu Quartier: flexionslose attributive Form des Adjektivs beim Substantiv, vgl. *ein ander Zimmer*, I, 2.

Quartier: frz., Grundbedeutung ›Viertel‹. Von daher übertragen auf ›Stadtviertel‹ und unter Verlust des genauen Sinns auf ›Stadtteil‹, entspr. auch Teil eines Heerlagers; daraus schließlich in der Soldatensprache allgem. ›Unterkunft‹.

hülfe: 2. Pers. Sing. Präteritum Konjunktiv von ›helfen‹.

ein Taler achtzig: ungefähr 80 Taler, volkstümlich-umgangssprachl. Angabe, vgl. auch 4 Zln. weiter *ein acht Tage:* ungefähr 8 Tage.

Marloffin: Im 18. Jh. war es üblich, weibliche Personen durch das Suffix -in an den Familiennamen zu bezeichnen.

denn: dann, vgl. Anm. zu *wenn: wann*, III, 2.

hundsföttisch: Hundsfott: urspr. Geschlechtsteil der Hündin bezeichnend, dann in der Studenten- und Soldatensprache anzügliches Schimpfwort für einen verächtlichen, feigen Mann.

Kantinen: frz., Kasten oder Korb für Flaschen, sonst: Schenke, Gasthaus in einer Festung.

Bei meiner armen Seele: zur Bekräftigung angewandte Berufung auf den unsterblichen Teil seiner Person; ›arm‹ im christlichen Sinne von ›sündhaft‹.

abgeschmackt: platt, albern (Schwulstzeit), aus älterem ›abgeschmack‹ wie ›ungeschmack, unschmackhaft‹.

Windbeutelei: Prahlerei, leere Phrasen.

versparen: aufsparen.

Metier: frz., Beruf, Handwerk, Geschäft.

Fleischerknecht: umherreisender Geselle ohne feste Anstellung, der von einer Schlachtung zur nächsten ging, hier
also Abwertung des Soldatenmetiers zur Menschen-
schlächterei.

derweile: unterdessen. Genitivische Adverbialbildung aus
›Weil‹, das einen Zeitabschnitt bezeichnet, mhd. wīle;
vgl. Eile mit Weile, ein Weilchen usw.

Interessen: lat., veraltet für Zinsen.

aufs Alter: im Alter, auf das Alter zu.

Neunter Auftritt

Mundierungsstücke: von Montierung, frz., veraltet für Bekleidung, soldatische Ausrüstung, vgl. Montur.

blutjung: blut ... = sehr, wie öfter hier als Verstärkung angewendet.

Zehnter Auftritt

artig: von gehöriger Art; im urspr. Sinn: von guter Beschaffenheit, auch höfische Erziehung.

Mein Schicksal: Ellipse als Antwort auf Franziskas Rede:
Es ist mein Schicksal, daß ich die Leute, die mir gut sind,
ängstigen muß.

Schäkerin: jidd., Schäker ›Tändler, Schelm‹.

Katz aushalten: eine unangenehme Lage aushalten (von
einem Spiel).

mit dem Frauenzimmer: mit den Frauen allgemein, vgl.
Anm. zu II, 2.

dasmal: diesmal.

Brief ... erbrochen: gemeint ist das Siegel, das den Brief
verschließt.

gar zu preußisch: gar zu militärisch.

kampiert: frz., im Freien übernachtet.

Eilfter Auftritt

Schnurre: witziger Einfall, Scherz.

anführen: betrügen.

Zwölfter Auftritt

Jede Zeile sprach ...: direkte Aussage statt ›aus jeder Zeile sprach der ehrliche Mann‹.

seiner entsagen: ›entsagen‹ mit dem Genitiv, veraltet; die neuere Form mit dem Dativ verwendet Minna von Barnhelm in der Antwort auf Franziskas Frage.

beigefallen: veraltet für ›eingefallen‹.

Vierter Aufzug. Erster Auftritt

völlig: vollständig.

seiner ... nicht zu erwähnen: veraltete Konstruktion mit dem Genitiv statt dem Akkusativ.

Grille: wahrscheinlich im lat.-griech. grillos schon Doppelbedeutung: Heimchen/Grille und sonderbarer, närrischer Einfall mit der Betonung des Unwirklichen, Schrulligen, Grotesken. Im 17. Jh. Sinnverschiebung auf trübselige, melancholische Gemütsverfassung.

denke ... der Lektion nach: ›nachdenken‹ mit dem Dativ, veraltet; heute durch das Präpositionalobjekt ersetzt; hier: nachdenken = überlegen.

mich ... verweigert: altertümlich für: mich verschmäht.

kitzeln: wohltun, reizen.

Zweiter Auftritt

innerhalb der Szene: hinter den Kulissen, vgl. Anm. zu Szene, I, 2.

Est-il permis, Monsieur le Major: Ist es erlaubt, Herr Major?

Will das zu uns: Die Verwendung des Neutrums unterstreicht den komischen Eindruck.

Parbleu ... chambre: Himmel ... aber nein ... das ist sein Zimmer.

Le Major ... est-il?: Der Major von Tellheim; richtig, mein schönes Kind, ihn suche ich. Wo ist er?

Comment?: Wie?

logieren: wohnen.

Ah, Madame – Mademoiselle: gnädige Frau – gnädiges Fräulein.

Irrung: veraltet für Irrtum.

Ah, voilà ... ce Major!: Wieder seine Höflichkeit! ein höchst
  galanter Mann ist dieser Major!

C'est ... fâché: Schade, das ist ärgerlich.

Nouvelle: frz., Neuigkeit.

Mademoiselle parle ... pardonnerez: Das gnädige Fräulein
  spricht französisch? Doch zweifellos, wenn ich Sie so an-
  sehe. Meine Frage war sehr unhöflich. Sie werden mir
  verzeihen. – In Minnas Antwort liegt eine satirische
  Spitze gegen den preußischen König, der die deutsche
  Sprache zugunsten der französischen geringschätzte.

explizieren: frz., verständlich, deutlich machen.

Sachez donc: Wissen Sie also.

lange Straß ...: Das Kriegsministerium *(Kriegsdepartement)*
  befand sich in der Leipziger Straße am Wilhelmplatz.

à l'ordinaire: frz., (für) gewöhnlich.

et le ministre ... entre nous: Und der Minister hat mir im
  Vertrauen gesagt, denn Seine Exzellenz gehört zu meinen Freunden, und es gibt unter uns keine Geheimnisse.

Point: frz., Punkt.

Rapport: frz., Bericht, Meldung.

resolvier ... jamais: ganz und gar zugunsten des Majors
  entschieden. – Mein Herr, sprach Seine Exzellenz zu
  mir, Sie begreifen, alles kommt auf den Standpunkt an,
  von dem man den König die Dinge betrachten läßt
  [wie man dem König die Sachen darstellt], und Sie kennen mich. Ein prächtiger Mensch, dieser Tellheim, und
  weiß ich denn nicht, daß Sie ihn schätzen? Die Freunde
  meiner Freunde sind auch die meinen. Dieser Tellheim
  kommt dem König ein wenig teuer zu stehen, aber dient
  man den Königen umsonst? Man muß sich in dieser
  Welt wechselseitig unterstützen; und muß einmal jemand verlieren, so sei es der König und nicht ein an-
  ständiger Mensch wie wir. Von diesem Grundsatz weiche
  ich niemals ab.

Ah que Son Excellence ... placé!: Wie hat doch Seine Exzellenz das Herz auf dem rechten Fleck!

au reste: schließlich.

lettre de la main: Handschreiben.

infailliblement: unfehlbar.

Vous voyez en moi ... de Prensd'or: Sie sehen in mir ...
  den Ritter Riccaut de la Marlinière, Herrn von Schul-
  dental, vom Stamme [aus der Linie] der Goldnehmer

[man könnte sagen: ›vom Stamme Nimm‹]. – In einigen Texten findet sich statt des handschriftlichen »prêt-au-val« prêt-au-vol als Konjektur, dann könnte man den Namen mit ›Herr von Diebstahl‹ übersetzen. Ferner bietet sich noch die Möglichkeit an, daß in ›vol‹ auf die betrügerischen Taschenspieler-Kunststücke Riccauts angespielt wird. – Zu den möglichen Vorbildern für die Figur Riccauts vgl. Kap. III.

qui est ... jamais eu: die wahrhaftig von königlichem Geblüte stammt. – Man muß gestehen, einen an Abenteuer reicheren Ritter [Glücksritter] als mich hat das Haus nicht aufzuweisen.

Affaire d'honneur: Ehrenhandel.

Staaten-General: Generalstaaten (Etats generaux) = Niederlande.

Ah, Mademoiselle ... pays-là!: Ach, gnädiges Fräulein, wie sehr wollte ich dieses Land niemals gesehen haben!

Capitaine: Hauptmann.

Oui, Mademoiselle ... pavé!: Ja, mein Fräulein, da bin ich nun entlassen und auf die Straße geworfen [und dadurch am Boden].

Vous êtes bien bonne: Sie sind gar zu gütig.

reformir: reformieren: hier ›entlassen‹.

rouinir: r(o)uinieren: zerstören.

Livre: Pfund; bis 1796 die frz. Gewichts-, Rechnungs- und Münzeinheit (= 20 Sous).

Tranchons ... rien: Offen gesagt, ich habe keinen Sou [Pfennig] und sehe mich dem Nichts gegenüber.

qu'un malheur ...: ein Unglück kommt selten allein. So ist es (mit) mir ergangen *(arrivir).* Was ein Ehrenmann *(Honnête-homme)* von meiner Herkunft *(Extraction)* ...

Ressource: Erwerbsquelle.

je joue ... croyance: ich spiele mit einem Pech, das allen Glauben übersteigt.

gesprenkt: eine Spielbank sprengen, d. h. alles gewinnen, so daß keine Bank mehr gehalten werden kann; hier ist der Spieler ›gesprengt‹, d. h., er hat alles verloren.

Je sais ... dames: Freilich weiß ich, daß da noch etwas anderes mit im Spiel war. Denn unter meinen Mitspielern befanden sich Damen.

invitir ... m'entendez: eingeladen, mir Revanche zu geben; aber – Sie verstehen mich.

Tant mieux ... fureur: Desto besser, gnädiges Fräulein, desto besser! Alle geistreichen [intelligenten] Leute lieben leidenschaftlich das Spiel.

Comment ... cœur: Wie, mein Fräulein? Sie wollen Halbpart mit mir machen? Von ganzem Herzen gern.

que vous êtes charmante: Sie sind sehr liebenswürdig.

ohnlängst: veraltet für unlängst.

Donnez toujours ... donnez: Geben Sie nur immer, mein Fräulein, geben Sie.

interessir ... pour le tiers: beteiligt mit einem Drittel.

liaison: Verbindung.

et de ce moment ... fortune: und von diesem Augenblick fange ich an, für mein Glück zu hoffen [an mein Glück zu glauben].

Rekruten: in übertragener Bedeutung ›neues Geld‹.

Einfal(t)spinse(l): in der Bedeutung ›einfältiger Mensch‹ aus der Studentensprache des 18. Jh.s.

Je suis ... dire?: Ich gehöre zu den Geschickten, gnädiges Fräulein, verstehen Sie, was das heißt?

Je sais monter un coup: Ich verstehe es, einen Schlag zu landen.

Je file ... adresse: Ich unterschlage die Karte mit einer Geschicklichkeit.

Je fais ... dextérité: Ich verfahre beim Abheben der Karten mit solchem Geschick [daß es die Mitspieler nicht merken]. – Wortspiel mit ›le coup‹, Schlag, Stich und ›la coupe‹, Abheben beim Kartenspiel, ein besonderer Taschenspielertrick. – ›Coupe‹ bedeutet urspr. ein scheinbares Abheben beim Kartenspiel, bei dem aber die Lage der Karten nicht geändert wird; dafür im 18. Jh. auch der Begriff ›volte‹.

Donnez-moi ... et: Geben Sie mir ein Täubchen [d. h. einen einfältigen Menschen] zu rupfen, und –

Comment ... fait: Wie, gnädiges Fräulein? Sie nennen so etwas betrügen? Das Glück verbessern, es an seine Finger fesseln, seiner Sache sicher sein ... – Die Begriffe aus dem Karten-, bzw. Falsch-Spiel übernahm Lessing wahrscheinlich aus einem zu seiner Zeit sehr bekannten Buch: »Histoire des Grecs, ou de ceux qui corrigent la fortune au jeu« (Geschichte der berufsmäßigen Falschspieler [Grec] oder derjenigen, die das Glück im Spiel verbessern, korrigieren, 1757). Lessing spielte in seiner

Breslauer Zeit leidenschaftlich ›Pharao‹; man darf an-
nehmen, daß er auch die neueste Literatur über das
Kartenspiel kannte. – Das ›corriger la fortune‹ findet
sich außer in der Fachliteratur schon bei Boileau (5. Satire) und bei Terenz: »Si illud, quod maxime opus est
iactu, non cadit, / Illud quod cecidit forte, id arte cor-
rigas« (Adelphi 4, 7; ... was durch Zufall fällt, das kor-
rigiert man durch Kunst).

plump Sprak: Riccaut spricht hier ganz die Sprache des
preußischen Königs, der auch in der deutschen Sprache
kein geeignetes Gefäß für feinsinnige Gedanken sah, für
ihn war das Deutsche keine Sprache der Wissenschaft
und der Künste.

Laissez-moi faire: Lassen Sie mich nur machen.

Votre très-humble: Ihr Alleruntertänigster.

Vierter Auftritt

Kriegszahlmeister: in der Heeresverwaltung tätiger Beam-
ter.

unterwegens: veraltet für ›unterwegs, auf dem Weg‹.

rapportieren: frz., melden, berichten.

Subordination: lat., Unterordnung, Gehorsam.

Fünfter Auftritt

aufzumutzen: aufmutzen: mundartl., ›Vorwürfe machen‹.

Parade: frz., Truppenschau, Aufmarsch. – Satire auf das
Unnatürliche, Mechanische *(Drechslerpuppen)* des preußischen Soldatentums.

gelassen: überlassen.

fällt mir ... bei: veraltet für ›fällt mir ein‹.

Sechster Auftritt

Verweilen: Verspätung.

sich sperren: sich sträuben, eigtl. die Beine zur Gegenwehr
spreizen.

als Oheim, als Vormund, als Vater: Steigerung, rhetorisch.

beschimpft: in der Ehre verletzt (vgl. mit Schimpf und
Schande).

untergesteckt: Das Regiment wurde aufgelöst (vgl. II, 1), die Soldaten wurden auf andere Regimenter verteilt.

Einrichtung: Schuld.

Stich halten: aus der Turnier- und Fechtersprache, im Kampf einen Stich aushalten, bis bewähren.

Equipage: Vgl. Anm. zu I, 6.

Bankier: ital. aus dt., Bankherr, Bankinhaber, Geldgeber.

Kapitale: lat., Plural, heute meist: Kapitalien.

Stände: Gemeint sind die Landstände, nach ständischer Gliederung (Rittergutsbesitzer, Stadtobrigkeit oder städtische Verwaltung, Bauern) zusammengesetzte Vertretung des Landes als gesetzgebende Instanz. Die Landstände verloren im Verlauf der Geschichte durch die Landeshoheit der Fürsten ihre Macht, außer in Sachsen, Württemberg und Mecklenburg.

Ordre: frz., Befehl, Auftrag.

Ämter: Verwaltungssitze.

Kontribution: frz., Kriegssteuer.

ratihabierend: lat., als richtig, gültig anerkannt.

Valute: ital. valuta = Wert.

Gratial: lat., Dankgeschenk.

dauren: ältere Form für ›dauern‹.

Vorsicht: im damaligen Sprachgebrauch üblich für ›Vorsehung‹.

Ihrentwegen: veraltet für ›Ihretwegen‹.

Mohr von Venedig: Othello. 1762 bis 1766 erschienen Wielands Shakespeare-Übersetzungen; die Ähnlichkeiten Tellheims mit dem Mohr sind einmal das Motiv der Ehre, zum anderen: beide gingen in den Dienst fremder Staaten.

stier: Nebenform zu mnd. stur ›unbewegt, stumpf, starr, wild‹ in bezug auf Blick und Haltung eines Menschen; volkstümlich auch mit dem Blick des Stiers in Zusammenhang gebracht.

beurlauben: von Urlaub = Erlaubnis, bes. sich zu entfernen.

Blatt ... wendet: urspr. übertragene Bedeutung: so wie ein Blatt im Wachsen sich dreht und wendet und ein anderes Aussehen erhält, sagt man von einer Sache, die ein anderes Aussehen bekommt: ›das Blatt wendet sich‹; Lessing kann hier aber auch an das Kartenspiel mit seinem wechselnden Glück gedacht haben, vgl. *glücklicher Wurf*, was auch für die Spiel-Bedeutung spricht.

gefallen: ausgefallen.

nur eben: eben erst.

Leutnant: Riccaut selbst hatte sich Hauptmann (capitaine) genannt, vgl. IV, 2.

nur: vor allem im 18. Jh. für ›eben‹.

urgieret: lat., vorgebracht.

entladen: veraltet für ›entlastet‹.

unbescholten: mhd. unbescholten, negatives Part. Prät. von veraltetem ›bescholten‹, frei von öffentlichem entehrenden Tadel.

ungehalten: über etwas aufgebracht.

Ebensogut, daß: Gerade so war es gut, daß ...

keines muß das andere weder ...: doppelte Verneinung, in der Sprache des 18. Jh.s noch häufiger anzutreffen.

Siebenter Auftritt

Hierhinter: dahinter.

Achter Auftritt

entstehen: veraltet für ›ermangeln, fernbleiben‹.

Fünfter Aufzug. Erster Auftritt

Justen: veralteter Akkusativ, schwach flektiert.

parat: lat., bereit.

ein halb Prozentchen Abzug: Rabatt bei Entrichtung der fälligen Summe vor Zahlungsfrist.

Zweiter Auftritt

ärgerlich: veraltet für ›verärgert‹.

Fünfter Auftritt

affektierten: lat., gekünstelten.

Aus: Ellipse, hier: Ausfahren.

vortritt: in den Weg tritt.

um mich: durch mich, um meinetwillen.

Zurücknehmung: veraltet für ›Zurücknahme‹.

Unterpfand: figürlich für ›Pfand‹.

nachbrauche: nachspreche, auch benutze.
menge: mische.
demohngeachtet: veraltet für ›demungeachtet‹.
Lassen Sie mich . . . denken: Lassen Sie mich vorstellen.

Sechster Auftritt

auszufragen: zu erfragen.

Siebenter Auftritt

steh ich an: nehme ich Anstand, zögere ich.

Neunter Auftritt

Vorbitterin: altertümlich für ›Fürbitterin‹.
er hat sich . . . nicht verleugnet: Friedrich II. ist gemeint.
Gefalle: schwache Nebenform zu ›Gefallen‹.
Mein Bruder: Gemeint ist Prinz Heinrich.
niedergeschlagen: niederschlagen: unterdrücken, z. B. einen
    Prozeß niederschlagen.
Bravour: frz., Tapferkeit.
wohlaffektionierter: frz. bien affectionné = wohlgewogener.
etc.: et cetera, lat., und das übrige, und so weiter.
zusammenschlägt: zusammenfaltet.
in Rücksicht: in Hinsicht, in bezug.
abhangen: urspr. gebräuchlich für ›abhängen‹.
sonst noch jemanden . . . als ihr: noch jemand anderen als
    ihr.
Titel: Amts- und Dienstbezeichnung, ehrenvolle Bezeich-
    nung, Anredeform.
um mich selbst: um meiner selbst.
Grille: Vgl. Anm. zu IV, 1.
vertraulich: früher gebräuchlich wie ›vertraut‹.
Monarch: um 1500 aus griech.-mlat. monarcha ›Alleinherr-
    scher‹.
tändelnden Schäfer: tändeln von mhd. tant ›Scherz, Spiel‹;
    Anspielung auf die zeitgenössische sentimentalische Schä-
    ferpoesie des Rokoko.
Flitterseite: glänzende Seite.
gebrechen: fehlen, mangeln.
Nun da!: Das ist es eben!

brechen Sie den Stab: Der Stab diente vielfach als Zeichen
geistlicher und weltlicher Befugnis, vgl. Krummstab des
Bischofs, Marschallstab usw. Der Stab des Richters wurde
in symbolischer Handlung vor Vollstreckung eines To-
desurteils über den Delinquenten zerbrochen; von daher rührt diese Redensart.

mir unanständig ist: statt veraltetem Dativ heute Präpositionalobjekt: es ist für mich unanständig, es schickt
sich oder ziemt sich nicht für mich.

Sophistin: Die Sophistik war in Griechenland zunächst eine
anerkannte Philosophenschule, der Begriff wurde später
abgewertet auf eine gewisse Halbphilosophie, die mit
Scheingründen spitzfindige Schlüsse ziehen und so die
Wahrheit verdrehen konnte.

an mich verknüpfen: veraltet, heute: mit mir.

Zehnter Auftritt

wie auf Kohlen: wie auf glühenden Kohlen, Metapher für
schmerzliche Ungeduld.

Arglist: zusammengewachsen aus dem Adjektiv ›arg‹ (mo-
ralisch schlecht) und ›List‹.

zuzuschanzen: von dem älteren ›Schanze‹ für frz. chance,
urspr. ›Fall der Würfel, Glückswurf, die Art, wie etwas
ausschlägt‹; ›zuschanzen‹ also ›dafür sorgen, daß einem
etwas zum Guten ausschlägt, ihm heimlich zukommt‹,
ein Kartenspielerwort aus dem 16. Jh.

Eilfter Auftritt

darf: veraltet für ›braucht‹.
betrügen: hier ›täuschen‹.

Zwölfter Auftritt

Exzellenz: lat., Vortrefflichkeit; Ehrentitel.
Leichtgläubiger Ritter: über die Redensart konnte nichts
ausgemacht werden; leichtgläubig = zu sehr vertrauend,
gut. – Minna will die Tugendhaftigkeit und Ritterlich-
keit Tellheims betonen, deren Starrheit und Blindheit
aber zugleich komisch enthüllen.

boshafter Engel: Stilfigur des Oxymoron (griech.), Verbin-

dung zweier einander widersprechender Begriffe zu einer
scharfsinnigen Einheit.
Maul: im 18. Jh. noch nicht verächtlich gebraucht.

Dreizehnter Auftritt

von dieser Farbe: von der Farbe der preußischen Uniform.
Indirekter Ausdruck für die Ablehnung des preußischen
Militärs durch den sächsischen Grafen von Bruchsall.

Vierzehnter Auftritt

Rentmeister: Vermögensverwalter. ›Rente‹ um 1200 aus
dem Franz. für ›Einkünfte, Ertrag, Gewinn‹.
Vormund: Fürsorger und Vertreter für Minderjährige und
entmündigte Erwachsene; ahd. foramundo zu unterge-
gangenem altgerm. ahd. munt ›Hand, Schutz‹, wohl wur-
zelverwandt mit lat. manus.
Tölpel: plumper, ungeschickter Mensch, wohl von ›Dör-
pel‹, in der altfläm. Rittersprache ›Dorfbewohner,
Bauer‹.
Fuchtel: Schlag mit dem flachen Säbel.

Funfzehnter Auftritt

Topp: zustimmender Ausruf beim Abschluß eines münd-
lich ausgehandelten Vertrages und dergleichen.
Generalin oder Witwe: vielleicht Anspielung auf eine zeit-
genössische Figur, den General von Werner, der vom
einfachen Soldaten zum Offizier aufstieg (vgl. hierzu
Kap. III); zum anderen verweist dieser Schluß wieder
auf den Untertitel der Komödie »Das Soldatenglück«.

II. Zeittafel

1752–55 Lessing (1729–81) lebt als Journalist und Kritiker in Berlin. Die freie Schriftstellerei bringt ihm wenig ein. Er lernt Voltaire kennen, gerät aber durch ein Ungeschick in Streit mit ihm, was ihm die Abneigung Friedrichs II. einträgt. Lessing knüpft freundschaftliche Verbindung mit dem Verleger und Schriftsteller Friedrich Nicolai (1733–1811), dem Moralphilosophen Moses Mendelssohn (1729–86) und dem Dichter Karl Wilhelm Ramler (1725–98). Er wird mit Johann Wilhelm Ludwig Gleim (1719–1803) bekannt, durch dessen Vermittlung er 1755 Ewald von Kleist (1715–59) kennenlernt.

Im Oktober 1755 nimmt Lessing in Leipzig das Angebot des Patriziersohns Johann Gottfried Winkler an, diesen auf einer Bildungsreise durch Europa zu begleiten.

Im Frühjahr 1755 vollendet Lessing in Potsdam »Miß Sara Sampson« und wird gleichsam über Nacht zum berühmtesten deutschen Dramatiker.

1756 Lessing besucht seine Eltern in Kamenz, wo er seit acht Jahren nicht mehr gewesen war, und tritt die Reise mit Winkler an, die jedoch durch den Beginn des Krieges bereits in Amsterdam abgebrochen wird.

Lessing besucht Gleim, Begegnungen mit Friedrich Gottlieb Klopstock (1724–1803) und dem Schauspieler Konrad Ekhof (1720–78) in Hamburg; er hat Umgang mit preußischen Offizieren.

Lessing macht sich einen Auszug aus Thomas Otways »The soldier's fortune« (1681; Das Soldatenglück).

Am 29. August überschreitet König Friedrich II. (»der Große«) von Preußen die sächsische Grenze; Beginn des Siebenjährigen Krieges (1756–63) zwischen Preußen und Österreich um den Besitz Schlesiens. Österreich verbündete sich nach und nach mit Rußland, Frankreich, Sachsen-Polen, Schweden und der Reichsarmee, um das von Friedrich dem Großen im ersten und zweiten Schlesischen Krieg eroberte Schlesien zurückzugewinnen.

Oktober: das sächsische Heer kapituliert.
Aufstellung der preußischen Freibataillone gegen die
Übermacht des Feindes.

1757 Lessings Wohnung in Leipzig wird ihm von Winkler
gekündigt, der am Umgang Lessings Anstoß nimmt –
Lessing führte preußische Offiziere in die Gesellschaft
seiner Wirtin ein – und den Plan einer Fortsetzung
der Reise mit Lessing mit der Begründung aufgibt, er
habe wegen der Kriegskontributionen kein Geld mehr.
Lessing strengt einen Prozeß zur Erlangung des ver-
traglich festgesetzten Honorars an, das Winkler nicht
zahlen will. Lessing kann daher nicht von Leipzig
fort und gerät in Schulden; er verdient sich seinen
Lebensunterhalt durch Übersetzungen.
Ewald von Kleist, der zum Freundeskreis um Lessing,
Gleim und Christian Felix Weiße (1726–1804) gehört,
versucht mehrfach vergeblich, Lessing eine Stelle als
Bibliothekar zu verschaffen.
Gleim regt Lessing zu einer Ode auf Friedrich II. an,
die freilich mißlingt.
Durch Vermittlung Lessings erscheinen zwei der Gleim-
schen Grenadierlieder.
März: Kleist wird als Major eines Infanterieregiments
nach Leipzig versetzt und übernimmt die Ausbildung
der sächsischen Rekruten.

6. Mai: Sieg der Preußen bei Prag,
5. November: Sieg über die Reichstruppen und die
Franzosen bei Roßbach,
5. Dezember: Sieg über die Österreicher bei Leuthen,
die zuvor ganz Schlesien mit Breslau eingenommen
hatten. Friedrich der Große wird als nationaler Held
gefeiert.

1758 Lessing verläßt Leipzig und nimmt in Berlin in der
Nähe Ramlers eine Wohnung. Beginn der Zusammenarbeit mit diesem. Lessing trifft sich mit den Bekannten in Kaffeehäusern und Weinlokalen, er verkehrt
im literarischen ›Montagsclub‹ und tritt in den von
Johann Georg Sulzer (1720–79) mitbegründeten ›Frei-
tagsclub‹ ein.
Februar: Lessing lernt durch Kleist den Oberst Bo-

gislaw Friedrich von Tauentzien kennen. Kurz darauf zieht Kleist in den Krieg.

Lessing arbeitet an seinem »Faust« und schreibt den Vorbericht zur Herausgabe von Gleims anonym erscheinenden »Preußischen Kriegsliedern in den Feldzügen 1756 und 1757 von einem Grenadier«.

25. August: Sieg über die Russen bei Zorndorf,
14. Oktober: Niederlage der Preußen gegen Österreich in der Schlacht bei Hochkirch; Sachsen bleibt dennoch in preußischer Hand.

1759 12. August: schwere Niederlage der Preußen gegen die Österreicher und Russen in der Schlacht bei Kunersdorf. Kleist wird in dieser Schlacht schwer verletzt, gerät in russische Gefangenschaft, wird nach Frankfurt a. d. Oder in das Haus des Professors Nicolai gebracht, wo er am 24. August an den Folgen der Verwundung stirbt.

Lessing berichtet am 6. September Gleim vom Tode des gemeinsamen Freundes. Lessings jüngster Bruder Erdmann brennt mit den sächsischen Soldaten nach Polen durch.

Es erscheinen »Fabeln«, »17. Literaturbrief« und vor allem »Philotas«, Lessings Beitrag zur ›Kriegsdichtung‹.

1760 7. November: Lessing verläßt Berlin; er wird in Abwesenheit zum auswärtigen Mitglied der Berliner Akademie der Wissenschaften gewählt.

Lessing besucht das Grab Kleists in Frankfurt a. d. Oder, reist weiter nach Breslau und nimmt die Stelle eines Sekretärs bei dem inzwischen beförderten General von Tauentzien an, die er bis 1765 innehat.

6. Dezember: Lessing schreibt an Ramler ». . . daß es bald wieder einmal Zeit sei, mehr unter Menschen als unter Büchern zu leben . . .«

Lessing tritt von der Herausgabe der 1759 gemeinsam mit Nicolai gegründeten kritischen Wochenschrift »Briefe die Neueste Literatur betreffend« zurück; Abkühlung des Verhältnisses zu Nicolai und zu Sulzer, mit dem er in eine literarische Fehde gerät. Lessing verläßt Berlin, ohne sich von den Freunden zu verabschieden und seine Wohnung zu kündigen.

Lessing bereitet den Druck des von Gleim in Verse gesetzten »Philotas« vor; in zwei Bänden erscheint seine Übersetzung »Das Theater des Herrn Diderot« (enthält die Dramen »Der natürliche Sohn« und »Der Hausvater« sowie die Abhandlung »Von der dramatischen Dichtkunst«).

15. August: Das preußische Heer entgeht der drohenden Vernichtung durch den Sieg über die Österreicher bei Liegnitz.
Oktober: Besetzung Berlins durch österreichische und russische Truppen; Österreich besetzt Schlesien.

1761 Lessing hat in Breslau Umgang mit Offizieren, mit denen er sich beim Spiel trifft; er knüpft Freundschaft an mit dem Opitz-Forscher Johann Kaspar Arletius und dem Historiker Johann Benjamin Klose. Durch sie wird er mit Barockliteratur und der Geschichte Schlesiens bekannt. Klose verdanken wir einen Bericht über Lessings Aufenthalt in Breslau.

1762 Juli: Tauentzien zieht zur Belagerung nach Schweidnitz, das sich im Oktober ergibt. Lessing bezieht mit dem General im Dorf Peile Quartier.
Mendelssohn spottet: »Dichter belagern Festungen.«

5. Mai: Friedensschluß zwischen Preußen und Rußland,
Juli/August: Sieg über die Österreicher, Schlesien gerät in preußische Hände.
Vorfriede in Fontainebleau mit Frankreich; Österreich ist nicht mehr in der Lage, den Kampf allein fortzusetzen.

1763 Im Sommer begleitet Lessing Tauentzien für einige Wochen nach Potsdam; er besucht seine Berliner Bekannten, trifft jedoch Mendelssohn, Nicolai und Ramler nicht an.
Bemühungen um eine neue Anstellung mißlingen.
Oktober: Rückkehr nach Breslau, Tauentzien wird Gouverneur in Schlesien.
Lessing schreibt das Konzept zu »Minna von Barnhelm«: »verfertiget im Jahre 1763«; die Komödie spielt am 22. August 1763 in Berlin.

15. Februar: Der Friede von Hubertusburg beendet den Siebenjährigen Krieg. Preußen behält Schlesien.
Lessing gibt in seiner Eigenschaft als Kriegssekretär den offiziellen Kriegsschluß in Breslau bekannt.
Auflösung der preußischen Freibataillone.

1764 Lessing erkrankt lebensgefährlich an Fieber, ist im August wiederhergestellt: »... die gesunden Theophile und Lessinge werden Spieler und Säufer« (Brief an Ramler, 5. August 1764).
Ende des Jahres gibt Lessing die Stelle als Gouvernementssekretär Tauentziens auf.
Lessing schreibt in »heiteren Frühlingsmorgenstunden« in Breslau »Minna von Barnhelm« (Bericht Kloses an den Bruder Lessings).
20. August: Lessing erwähnt zum erstenmal in einem Brief an Ramler seine neue Komödie, an die er »letzte Hand« anlegen will.

1765 Lessing verläßt Breslau, reist zu einem kurzen Aufenthalt nach Kamenz, besucht zur Ostermesse Leipzig, trifft Weiße und Nicolai.
Mai: Lessing zieht nach Berlin; die Bemühungen um die Stelle als Königlicher Bibliothekar scheitern an der ablehnenden und französfreundlichen Haltung Friedrichs II.
In Berlin geht Lessing mit Ramler »Minna von Barnhelm« Akt für Akt durch.

1766 Juni: Lessing reist nach Pyrmont, lernt Justus Möser (1720–94) kennen, dessen Schrift »Harlekin oder Verteidigung des Grotesk-Komischen« (1761) er sehr schätzt.
August: Lessing reist über Kassel und Göttingen zum Besuch Gleims nach Halberstadt.
24. Oktober: Die Hamburger Theatervereinigung gründet ein deutsches Nationaltheater; Lessing wird durch Vermittlung Nicolais die Stelle eines Dramatikers angetragen. Lessing möchte eher als Dramaturg und kritischer Berater mitarbeiten.
Im Winter 1766/67 vollendet Lessing »Minna von Barnhelm«, zuvor erscheint »Laokoon oder Über die Grenzen der Malerei und Poesie«.

1767 April: Lessing reist nach Hamburg, am 22. April Eröffnung des deutschen Nationaltheaters.

Lessing lernt Klopstock näher kennen und macht die Bekanntschaft Karl Philipp Emmanuel Bachs (1714 bis 1788).

Zur Ostermesse erscheint »Minna von Barnhelm oder Das Soldatenglück« bei Christian Friedrich Voß in Berlin sowohl einzeln als auch innerhalb der »Lustspiele in zwei Teilen« (im 2. Teil). Im Mai erscheint das Erste Stück der »Hamburgischen Dramaturgie«.

Nicolai schreibt kurz vor Ausgabe des Druckes an den Theologen, Philosophen und Schriftsteller Johann Nikolaus Meinhard (1727–67), der zum Berliner Bekanntenkreis Lessings gehörte, es seien viele Stiche auf die preußische Regierung in »Minna von Barnhelm«, die er als preußischer Untertan nicht gutheißen könnte (21. März 1767).

Nach langen Verhandlungen mit dem Hamburger Magistrat und dem preußischen Gesandten wird schließlich die Genehmigung zur Aufführung der Komödie erteilt.

30. September: Uraufführung in Hamburg; 17. Oktober: Erstaufführung in Frankfurt a. M., am 14. November in Wien (in Wien und Frankfurt ohne die Riccaut-Figur!), am 18. November in Leipzig, anwesend ist der 18jährige Goethe, der selbst in einer Liebhaberaufführung mitwirkte und später gegenüber Eckermann die Komödie »Meteor in einer dunkeln Zeit« nannte.

Die Erstaufführung in Hamburg erzielte nur geringen Beifall, eine Wiederholung am 20. November mit »Harlekin, Ballett und Seiltänzern« ist nötig, um die leere Theaterkasse zu füllen.

1768 21. März: Erstaufführung der »Minna von Barnhelm« in Berlin durch die Truppe Karl Theophil Döbbelins (1727–93), der seit 1767 ein Privileg für die Berliner Theater besaß. Döbbelin hatte an der in Lessings Augen törichten Vertreibung des Hanswursts von der Bühne mitgewirkt.

Die Berliner Aufführung wird ein großer Erfolg, »Minna von Barnhelm« verdrängt mit 16 Wieder-

holungen den beliebten »Hausvater« Diderots, der
12 Wiederholungen erreichte.
3. Mai: Erstaufführung in Breslau unter Döbbelin.
Die große Popularität des Lustspiels zeigt sich in der
hohen Aufführungszahl der Wanderbühnen und Lieb-
habertheater.
25. November: Das Hamburger Theater wird aufgelöst; Lessing legt sein Amt nieder und muß aus Geld-
mangel seine Bibliothek verkaufen.

1769 Zur Ostermesse erscheint der 2. Band der »Hambur-
gischen Dramaturgie«.
Lessing lehnt ein Angebot ab, nach Wien zu kom-
men; er folgt dem Ruf des Braunschweiger Erbprinzen
Karl Wilhelm Ferdinand auf die Stelle des Biblio-
thekars an der Wolfenbütteler ›Bibliotheca Augusta‹
und wird im Dezember zum Bibliothekar ernannt.
Daniel Chodowiecki (1726–1801) bestätigt Sulzer die
Annahme des Auftrags, für den »Berliner Genealogi-
schen Kalender auf das Jahr 1770« zwölf Kupfer zu
Szenen aus »Minna von Barnhelm« zu stechen.
Wiederaufführung der »Minna von Barnhelm« in
Hamburg.

1770 Mai: Lessing tritt sein Amt in Wolfenbüttel an.

1771 Die Kochsche Truppe führt in Berlin »Minna von
Barnhelm« mit großem Erfolg auf.

1772 Übersetzung der Komödie in das Französische durch
Großmann.

1773 Dankbrief eines Breslauer Kaufmanns an Lessing:
»Ihnen hat unsere Stadt viel zu danken; Sie waren
ein mächtiger Vorsprecher bei Sr. Excellenz unserem
liebenswürdigen Generallieutenant von Tauentzien...«

1774 Übersetzung der »Minna von Barnhelm« in das Französische von Rochon des Chabannes unter dem Titel
»Les aman(t)s généreux, Comédie en cinq actes et en
prose; imitée de l'allemand«; Aufführungen in Paris
(mit Erlaubnis des preußischen Ministers am 13. Oktober) und in Berlin.
Der Aufführung in Kopenhagen folgt die Übersetzung

ins Englische 1789 »The disbanded officer« von John-
ston und in das Italienische, »La donna riconoscente«.

In Deutschland zieht »Minna von Barnhelm« eine
Flut meist minderwertiger ›Soldatenstücke‹ nach sich,
z. B. »Abgedankte Offiziere« von Stephany oder
»Graf Walltron« in der Bearbeitung von Charlotte
Birch-Pfeiffer. Erst J. M. R. Lenz verläßt diese Tra-
dition der ›Soldatenstücke‹.

nach 1777 »Minna von Barnhelm« verliert an Zugkraft
und gerät fast in Vergessenheit:

»Das Ding war zu seinen Zeiten recht gut. Was geht
es mich an, wodurch es jetzt von dem Theater verdrängt
wird« (Lessing, 25. Mai 1777).

»Um wieviel verliert selbst die vortreffliche Minna,
wenn man nicht mit den Umständen des damaligen
Krieges bekannt ist« (Christian Felix Weiße in der
Vorrede zur Ausgabe seiner Lustspiele, Leipzig 1783).

III. Der Stoff und seine Tradition

Man hat allen möglichen Quellen und Motiven der »Minna von Barnhelm« in der Tradition nachzuspüren versucht, einen Stoff, eine Fabel im eigentlichsten Sinne, auf die sich das Lustspiel Lessings stützt, hat man nicht finden können. Die Grundzüge des Lustspiels sind der Wirklichkeit entnommen, die Lessing mit dichterischer Phantasie und einigen Motiven aus der Komödientradition zu einer einheitlichen Fabel verknüpft hat:

>»Kaum sind in der Geschichte des deutschen Lustspiels Überlieferungsgebundenheit und ›realistische‹ Wirklichkeitserfassung so sehr ins Gleichgewicht gebracht wie hier.«

>> (Hinck, S. 289)

Dies zeigt sich vor allem an der Zeichnung des Soldatenstandes (genauer am Bild des Offiziers), der in der europäischen Komödie, wie Karl L e s s i n g in seinem Bericht über die Breslauer Zeit seines Bruders bestätigt, meist Gegenstand der Karikatur war:

>»Lessing war weit entfernt, zu glauben, schon theatralische Meisterstücke gemacht zu haben, obgleich damals die seinigen zu den besten Deutschen Originalen gehörten. Er wußte, was ihr hauptsächlicher Fehler sey; sie hatten alle noch etwas von der Studirstube. Diderots Theater, das er noch zu Berlin übersetzt hatte, in keiner andern Absicht, als das Deutsche Publicum auf edlere und richtigere Begriffe vom Theater zu bringen, veranlaßte auch selbst in ihm eine ganz andere Stimmung, und ganz neue Ideen, sogar seine Geringschätzung des Französischen Theaters. Darum fand auch Diderot damit in Paris gar keinen Beyfall, und die eitlen Schauspieler daselbst wollten den Hausvater gar nicht aufführen.
>Lessing hatte einen Stand kennen lernen, über dessen glänzende Thaten seine Zeitgenossen erstaunten, ohne dadurch glücklicher zu werden. Es ist sonderbar, daß Glieder aus diesem Stande immer auf dem Theater karricaturirt worden waren. Der unpolirte und der polirte Komiker der Römischen Republik, wo die Krieger gewiß im größten Ansehen standen, Plautus und Terenz, stellten ihre Soldaten, die sie

auf das Theater brachten, jederzeit in ein lächerliches, meistens in ein verächtliches Licht. Kaum wird vor Lessings Minna ein Deutsches Lustspiel zu finden seyn, wo sie anders geschildert worden wären. Bey den Spaniern, Franzosen, Engländern und Italiänern, deren Bühnen uns etwas bekannter geworden, ist die Rolle der Soldaten possenhaft, und die Ausnahmen können in keinen Betracht kommen, weil deren zu wenige sind. Schon genug, Lessingen zu dem Entschlusse zu bringen, sie einmal von der guten und wahren Seite zu schildern. Was ihn aber vollends darin bestärkte, war das Schicksal der preußischen Freypartie, welche nach dem siebenjährigen Kriege abgedankt wurde. Es war freylich im Ganzen der Abschaum der Europäischen Menschheit; aber wie jede Sache ihre Ausnahme hat, so war es auch unter dieser Art Truppen. Eine Menge sehr edler Menschen hatten sich aus Ehrgeitz, Lernbegierde oder schuldlosem Leichtsinn dazu begeben, und verdienten an der Seite der würdigsten Preußischen Krieger zu stehn. Nur wenige Freybataillone hatten das Glück, der Preußischen Armee einverleibt zu werden; die übrigen alle mußten das Gewehr strecken, ehe sie sichs versahen, und die Officiere konnten hingehen, wo sie hergekommen waren. Was hörte man nicht für Geschichtchen! Da hatte ein Mühlknappe, der sich bis zum Major geschwungen, nach seiner Verabschiedung dem Könige den Orden für das Verdienst[1] zurückgeschickt, damit dieses schöne Ehrenzeichen nicht staubig würde, weil er wieder in der Mühle sein Brot suchen müsse. Dort hatte ein alter General im Spazierenreiten bey einer Schmiede einen verabschiedeten wackern Rittmeister, dessen er sich mit großer Achtung erinnerte, Pferde beschlagen sehn, der nun wieder gewordene Schmidt aber sich weder des Generals, noch des thatenreichen Krieges, noch seiner Würde, erinnern wollen. Was auch davon wahr oder nicht wahr seyn mag; genug, daß der Weitzen mit dem Unkraut ausgerottet wurde, und selbst die Krieger mit sechzehn Ahnen die braven aber unglücklichen Kriegesmänner mit und ohne Ahnen beklagten.

Lessing entwarf in Breslau nur den Plan zur Minna, den er erst in Berlin ausarbeitete. Sie erschien auch nicht eher, als 1767 im Druck, und wurde 1768 nach vielen dagegen gemachten Schwierigkeiten in Berlin aufgeführt. Wieder ein

---

1. der von Friedrich dem Großen 1740 gestiftete Orden ›Pour le Mérite‹

Beweis, daß man auf dem Deutschen Theater das wirkliche
Deutsche Leben nicht oft sah! Denn alle Einwendungen gegen die Aufführung liefen dahin aus: man könne zwar über
Gott raisonniren und dramatisiren, aber nicht über Regierung und Polizey.«

(Lessings Leben, Bd. 1, S. 236–240)

Seit dem Beginn des 18. Jahrhunderts taucht in der europäischen Komödie mehr und mehr die Figur des ehrenwerten
Offiziers auf, z. B. in Carlo Goldonis (1707–93) »La guerra«
(1755/56) und »Un curioso accidente« (1760). Thomas Otways (1652–85) Komödie »The soldier's fortune« (1681),
deren Titel Lessing offenbar als Untertitel für »Minna von
Barnhelm« entlehnt, gibt für einen Vergleich nichts her;
hier ist die Figur des Soldaten noch ganz der Tradition des
karikierten Bramarbas verpflichtet, wie er in der deutschen
Komödie seit Andreas Gryphius' (1616–64) »Horribilicri-
brifax« (1663) bekannt ist.
Deutliche Motivparallelen zu »Minna von Barnhelm« hat
man in einer anderen englischen Komödie ausfindig gemacht,
in »The constant couple« (1700) von George Farquhar (1678
bis 1707), dessen zweites Stück aus dem Soldatenmilieu,
»The Recruiting Officer« (1706), später von Brecht unter
dem Titel »Mit Pauken und Trompeten« bearbeitet wurde.
Hier kurz der Inhalt von »The constant couple« (George
Farquhar, »The Best Plays«, ed. by William Archer. London 1906. S. 31–138). Die schöne und reiche Lady Lurewell
ist aus Enttäuschung über ihren Jugendgeliebten, der sie um
ihre Liebe und Mädchenehre betrog, allen Männern gegenüber auf Rache bedacht. Sie kokettiert mit ihren zahlrei-
chen Verehrern nur, um sie gegeneinander auszuspielen, sie
zu demütigen und voreinander lächerlich zu machen oder
zu bestrafen. Neben anderen wird sie zugleich von dem In-
triganten Vizard, dem flatterhaften Sir Harry Wildair und
dem gerade durch Auflösung seines Regiments aus dem Of-
fiziersstand entlassenen Oberst Standard umworben. Nur
Standard liebt sie wirklich – während die anderen sie nur
zu finanziellem oder gesellschaftlichem Vorteil benutzen –,
glaubt aber, daß er sie einer vorerst nicht näher erläuterten
Verpflichtung wegen nicht heiraten kann und sie nach seiner
Entlassung nun auch nicht mehr umwerben darf. Lady Lurewell schürt die Eifersucht der Nebenbuhler und läßt den

auf Ehre und Aufrichtigkeit besonnenen Offizier in Zweifel, ob sie seine Liebe begünstige oder durch Liebeleien mit Sir Harry verrate. Vizard, der die tugendhafte Angelica vergeblich mit Anträgen verfolgt und gleichzeitig Sir Harry den Erfolg bei Lady Lurewell neidet, lenkt dessen Interesse auf Angelica, die er ihm gegenüber als Hure ausgibt, während er ihn ihr als Freier vorstellt. Aus dieser Intrige entwickelt sich eine Serie von Mißverständnissen zwischen Wildair und Angelica, zugleich trotz des beiderseitigen Verkennens eine echte Liebe, die nach Aufdeckung des verleumderischen Betrugs Vizards durch Heirat besiegelt wird. Da Standard immer noch glaubt, Wildair sei sein Nebenbuhler und bedränge Lady Lurewell mit Liebesanträgen, fordert er ihn zum Duell. Wildair entzieht sich feige dem Duell, indem er Lady Lurewells Unbeständigkeit vorschiebt und dem Obersten Beweise dafür liefern will. Standard ist einverstanden, und Wildair spielt einen Ring des Obersten als ein vermeintliches Liebeszeichen in Lady Lurewells Hände. Diese erkennt in dem Ring das Liebespfand wieder, das sie ihrem treulosen Liebhaber gab, und verdächtigt Wildair, ihr damaliger Verführer zu sein, während Standard sie ihrerseits der Treulosigkeit beschuldigt, da sie sich von einem anderen einen Ring schenken lasse. Nun entdeckt sie ihn als eigentlichen Besitzer des Ringes, und er erkennt in ihr die Geliebte von einst, der er, obwohl ihm widrige Lebensumstände und bisher vergebliches Suchen nach ihr ein Einlösen seines Treueversprechens kaum noch möglich erscheinen lassen konnten, dennoch die Treue gehalten hat, selbst angesichts seiner neuen ›alten‹ Liebe zu Lady Lurewell. Diese wiederum sieht in ihrem wiedergefundenen Liebsten ihren zerstörten Glauben an Liebe und Ehre wiederhergestellt und reicht ihm versöhnt die Hand.

Das Ehre-Motiv findet sich im Umkreis der französischen rührenden Komödie, in einem Lustspiel von Pierre Claude Nivelle de la Chaussée (1692–1754), das sich vermutlich auf Farquhar stützt: »L'école des amis« (1737). Auch hier ist der Held ein im Krieg verwundeter Offizier, der in die äußerste Armut gerät. Der gegen seinen Willen entlassene und in seiner Ehre tief gekränkte Offizier Monrose glaubt seiner vermögenden Braut Hortense nicht mehr würdig zu sein und weist ihre Liebe schroff zurück. Die Geliebte ihrerseits macht ihm den Vorwurf, er denke in seinem starren

Ehrgefühl nur an sich, ja er habe einen merkwürdigen Begriff der Ehre.

Das Motiv der plötzlichen Verarmung und der vertauschten Ringe findet sich noch in der französischen Komödie »L'Amante difficile« von Antoine de La Motte (1672–1731). Die Heimat dieses Intrigenmotivs ist das ›Théâtre italien‹, es kommt dort in einem Szenarium von 1716 »L'Amante difficile, ou l'amant constant. Comédie italienne« vor. Hier täuscht die Liebhaberin (Flaminia) plötzliche Armut vor und bindet wie Minna den Mann (Lelio) nun fester an sich.

Für die Eingangsszene mit dem schlafenden, träumenden Bedienten, die Fremdenbuchszene und Riccauts Bemühung um Minnas ›Rekruten‹ hat man Parallelen in zwei Stücken Goldonis ausfindig gemacht: in »La locandiera« (1751) und »Un curioso accidente«.

Zunächst auf die Komödientradition geht wohl auch die Figur Riccauts zurück, in der Lessing die Rolle des Prahlers und des (Falsch-)Spielers vereinigt und mit der Figur des radebrechenden Weltmannes verbunden hat. Spieler-Gestalten finden sich unter anderem in den Komödien Goldonis, Farquhars und Jean-François Regnards (1655–1709). In Farquhars »Sir Henry Wildair« (1701) konnte Lessing das Vorbild eines Deutsch-Franzosen gefunden haben. Lessing verdichtet viele Züge der europäischen Komödienliteratur in der Figur Riccauts, geht aber vielleicht – wie neuere Forschungen nachweisen wollen – auch auf wirkliche Vorbilder, Zeitgenossen zurück, so z. B. auf den Schriftsteller und Abenteurer André-Pierre Le Guai de Prémontval, der um 1750 zum Kreis der Berliner Franzosen gehörte, oder auf einen Kommandeur eines Freibataillons, den französischstämmigen Offizier Guichard. Die Suche nach Motiven und Modellen bringt nicht viel ein; Lessing hat es verstanden, die mannigfaltigen Züge der Capitano-Figur aus der europäischen Komödie mit dem zeitgenössischen Bild des ob seiner Geschliffenheit und Eleganz teils bewunderten, teils belächelten Franzosen und Modellen der Zeitwirklichkeit zu verschmelzen.

So wie sich die Figur Riccauts aus dem Bannkreis überlieferter Modelle löst, entfernen sich Just und Werner von den Bedientenfiguren der ›Sächsischen Komödie‹; in Just kommt der nationale Charakter zum Ausdruck: »Harlekin selbst tritt in eine Handlung von unverwechselbar nationalem und

historischem Wirklichkeitsgehalt ein« (Hinck, S. 296). Der
Wachtmeister Werner ist sozial unabhängig. Bei dieser Figur
denkt man an eine scherzhafte Anspielung Lessings auf den
General Paul von Werner, der 1750 als einfacher Soldat aus
der österreichischen in die preußische Armee getreten und
1758 zum General, 1761 gar geadelt und zum Generalleut-
nant ernannt worden war.

»Einem differenzierten Sozialgefüge, das längst die Sonde-
rung des Komödienpersonals nach Vornehmen und Lakaien,
nach Herrschafts- und Dienerstand, also längst das ›Zwei-
klassen‹-System der alten Komödie überholt hat, wird
Rechnung getragen.«

(Hinck, S. 298)

Während der Wirt noch ganz im Gestaltumriß des komischen
Typs verharrt, läßt sich für Franziska eine Lösung von der
Kammerzofenschablone beobachten, die bei Lessing selbst,
in seinen Jugendlustspielen in der Figur der Lisette eine feste
Tradition hatte. Bei Franziska, wesentlich stärker aber bei
Minna ist in der Figurenkonzeption der Einfluß des ›rüh-
renden Lustspiels‹ mit dem neuen Gefühlston spürbar.
Für die Figur Tellheims gab es in der Zeit zahlreiche ›wirk-
liche‹ Vorbilder; am häufigsten wird der Dichter und preu-
ßische Major Ewald von Kleist, ein Freund Lessings, mit der
Figur Tellheims in Verbindung gebracht:

»In dem vierzehn Jahre älteren Major Ewald von Kleist ge-
wann er [Lessing] in Leipzig einen Freund, der bei aller
persönlichen Eigenart einen bestimmten Typus des preußischen Offiziers in fast idealer Weise verkörperte. [...] Aus
den Grundzügen dieses Charakters formte Lessing, ohne
sich irgendwie in eine kleinlich-realistische Nachbildung zu
verlieren, die Gestalt seines Majors von Tellheim, die indi-
viduellste in allen seinen Dramen. Ja vielleicht hat sogar auf
das Verhältnis Tellheims zu Minna der Gedanke an Kleists
Jugendliebe zu Wilhelmine von der Goltz mit eingewirkt.
Schon der Name der Heldin scheint an sie zu erinnern. Und
wie im Drama der preußische Offizier mit einer sächsischen
Adelsfamilie sich verbindet, so hatte Kleist durch die säch-
sisch-polnischen Verwandten seiner Braut in den Dienst des
Kurfürsten gezogen werden sollen.«

(Kettner, S. 75 f.)

Friedrich N i c o l a i in einem Brief vom 21. März 1767 an Meinhard:

»Der Charakter dieses Major v. Tellheim ist der lebendige Charakter des sel. Kleist und hat deswegen für mich eine besondere Rührung gehabt.«

(Oehlke, Bd. 1. S. 476, Anm.)

Andere haben vermutet, Lessing sei in Breslau mit einem Major von Baczko bekannt geworden, der im Siebenjährigen Krieg wie Tellheim einer armen Gemeinde die Kriegssteuer vorgestreckt habe. Ihm sei nach Friedensschluß die Forderung an die Staatskasse ebenfalls bestritten worden; mehrfach verwundet, habe auch er schließlich aus der Armee Abschied nehmen müssen. Ähnliche Vorbilder edler Gesinnung scheint es in der Zeitwirklichkeit und im Umkreis Lessings tatsächlich gegeben zu haben, doch kann der Einfluß auf »Minna von Barnhelm« kaum bestimmt werden, wenn man berücksichtigt, in welch komplizierter und verwandelnder Weise Lessing Komödienmotive mit aktueller Wirklichkeit verknüpft.

Nach Walter Hinck läßt sich in »Minna von Barnhelm« ein dreifacher Bruch mit der die Jugendlustspiele bestimmenden Tradition beobachten:

»1. Der Einfluß des rührenden Lustspiels wird wirksam. 2. Ein neues psychologisches Interesse sorgt für strenge Motivation aller Verhaltens- und Handlungsweisen der Personen; ein realistisches Interesse dringt auf Wahrscheinlichkeit der Vorgänge, ohne daß den Freiheiten des Bühnenspiels entsagt würde. 3. Die Personen des Lustspiels sind keine reinen ›Individuen‹ (wie gelegentlich behauptet worden ist), sondern zugleich – Diderots Empfehlungen gemäß – Repräsentanten eines Standes, sind aber durch ihren Charakter und durch Zeit und Raum des Geschehens in ihrer Besonderheit umrissen.«

(Hinck, S. 299)

IV. Dokumente zur Entstehungsgeschichte

Johann Gottlieb F i c h t e (1762–1814)

»Dass Lessing [...] in seiner frühen Jugend sich in einer
unbestimmten literarischen Thätigkeit herumgeworfen, dass
alles ihm recht war, was nur seinen Geist beschäftigte und
übte, und dass er hierbei zuweilen auf unrechte Bahnen gekommen, wird kein Verständiger läugnen. Die eigentliche
Epoche der Bestimmung und Befestigung seines Geistes
scheint in seinen Aufenthalt in Breslau zu fallen, während
dessen dieser Geist, ohne literarische Richtung nach aussen,
unter durchaus heterogenen Amtsgeschäften, die bei ihm nur
auf der Oberfläche hingleiteten, sich auf sich selbst besann,
und in sich selbst Wurzel schlug. Von da an wurde ein rast-
loses Hinstreben nach der Tiefe und dem Bleibenden in allem menschlichen Wissen an ihm sichtbar.«

(Fichte: Sämtliche Werke. Bd. 8. Berlin 1846.
S. 72 f.)

Lessing am 16. Dezember 1758 an Gleim:

»Ja gesetzt, es wird über kurz oder lang Friede; gesetzt, die
itzt so feindselig gegen einander gesinnten Mächte, söhnen
sich aus – (ein Fall, der ganz gewiß erfolgen muß) – was
meinen Sie, daß alsdenn die kältern Leser, und vielleicht der
Grenadier selbst, zu so mancher Übertreibung sagen werden,
die sie itzt in der Hitze des Affects für ungezweifelte Wahrheiten halten? Der *Patriot* überschreyet den Dichter zu sehr,
und noch dazu so ein soldatischer Patriot, der sich auf Be-
schuldigungen stützet, die nichts weniger als erwiesen sind!
Vielleicht zwar ist auch der Patriot bey mir nicht ganz erstickt, obgleich das Lob eines eifrigen Patrioten, nach meiner
Denkungsart, das allerletzte ist, wonach ich geitzen würde;
des Patrioten nehmlich, der mich vergeßen lehrt, daß ich ein
Weltbürger seyn sollte.«

(Schriften, Bd. 17. S. 155 f.)

Aus dem Bericht Johann Benjamin K l o s e s über Lessings
Aufenthalt in Breslau:

»Lessing kam nach Breslau, um seine Gesundheit, die durch
anhaltendes Studiren gelitten hatte, wieder herzustellen und

seinem Geist und Körper Erholung zu verschaffen. Als Gou-
vernements-Sekretair beym General Tauenzien erreichte er
diese Absicht, welche tausend Andere zweckwidrig würden
gefunden haben. Er widmete die Stunden, welche ihm seine
Amtsgeschäfte, die er Vormittags verrichtete, übrig ließen,
der Gesellschaft und den Wissenschaften. So bald er vom
General von Tische kam, welches gewöhnlich um vier Uhr
war, ging er entweder in einen Buchladen oder in eine Auk-
tion, meistentheils aber nach Hause. Hier kamen gewöhnlich
Personen, in Angelegenheiten, seiner Hülfe und Unterstüt-
zung bedürftig, zu ihm, die er bald abfertigte, um sich durch
Unterredungen, die Litteratur und Wissenschaften betreffend, zu erholen. [...] Obschon sein Geist alles Wissens-
werthe umfaßte, wozu ihm seine auserlesene Bibliothek, die
er sich hier gesammelt, Veranlassung und Nahrung gab; so
beschäftigte er sich doch in den ersten Jahren hier am liebsten mit kritischen, antiquarischen, dramatischen und litte-
rarischen Gegenständen. Er machte sich Entwürfe zu mehreren
Stücken, worunter auch Alcibiades war. Die Skizze zu seiner
Minna von Barnhelm schrieb er in heitern Frühlingsmorgenstunden im Neldnerschen[1] Garten im Bürgerwerder. Auch
dachte er zuweilen an seinen Dr. Faust, und war gesonnen,
einige Scenen aus Noels Satan zu nutzen. Ein hitziges Fieber unterbrach diese seine Lieblingsbeschäftigungen. Er litt
dabey viel; am meisten aber quälten ihn die Unterhaltungen
seines Arztes, des alten Dr. Morgenbesser, wovon Gottsched
das Hauptthema war, der ihm auch in seinen gesunden Tagen anekelte. [...]
Nachdem er wieder genesen, bekam sein Geist eine sonderbare Spannung, die er mehrere Jahre vorher nicht empfunden. [...]
Nach dem Hubertusburger Frieden, welchen er hier öffent-
lich mit großer Feyerlichkeit ausgerufen, dachte er nun
Breslau zu verlassen, ob ihn gleich der General ersuchte,
noch länger zu bleiben, auch ihm eine vortheilhafte Bedie-
nung[2] anbot, die er aber von sich wies, weil nach seiner Ver-
sicherung der König von Preußen keinen ohne abhängig zu
seyn und zu arbeiten bezahle. Aus eben dem Grunde hatte
er die Professur in Königsberg, die ihm vor einigen Jahren
angeboten wurde, ausgeschlagen; besonders, weil der Pro-

1. richtig: Göldner.
2. Anstellung.

fessor der Beredsamkeit alle Jahre einen Panegyrikus[3] zu halten verpflichtet wäre. [. . .]

Fast täglich ging er nach sechs gegen sieben Uhr in das Theater, und von da mehrentheils, ohne das Stück ausgehört zu haben, in die Spielgesellschaft, von wo er spät nach Hause zurückkehrte, und den andern Tag nicht vor acht oder neun Uhr aufstand.«

(Lessings Leben, Bd. 1. S. 241–248)

Karl Gotthelf L e s s i n g über die Breslauer Zeit seines Bruders:

»Lessing lebte in vielem Betracht in Breslau sehr angenehm. Er fand sich bald in seinen General, der einer von den großen Edelsteinen war, die Friedrich nicht verkannte, obgleich sie nicht geschliffen waren. Er lernte fast alle Offiziere der Preußischen Armee kennen, und darunter manchen vortrefflichen Mann, der von der Kriegsfama[4] nicht ausposaunt, noch dem Könige so bekannt wurde, als er es verdiente. Er sah, wie die größten Begebenheiten ohne Absicht entstanden; wie Zufall oft schlechte Sachen gut, und gute schlecht machte; wie den Großen oft Dinge zugeschrieben werden, die sie dem Verstande und der Herzensgüte ihrer Untergebenen zu verdanken haben.

Dieser große Guckkasten der Welt, in den er jetzt sah, war so possierlich und verworren, als der kleine, vor dem er bisher gestanden; nur daß das Possierliche, um seiner Größe willen, schrecklich wurde. Er gewöhnte sich aber bald daran, wie der Fuchs an den grimmigen Löwen, und sah ein, daß es auf dem großen politischen Schauplatze der geistigen Kräfte sehr wenig, der körperlichen aber desto mehr bedürfe.

Er verbrachte seine Erholungszeit nach seinen Berufsgeschäften nicht bloß unter den Büchern, sondern auch am Spieltische. Die übrigen unnützen Zeitvertreibe, die die große Welt zur Abwehrung der langen Weile erfunden hat, verachtete er auch nicht. Allein seinen Freunden ist doch nichts so aufgefallen, wie seine Spielsucht, die in Breslau ihren Anfang, und zu Wolfenbüttel ihr Ende genommen haben soll.

Sein liebstes Spiel war Pharao, das seinen ganzen Reitz vom hohen Gewinne zu haben scheint. [. . .]

3. Lobrede, wohl auf den König.
4. Kriegsruhm.

Es ist zu zweifeln, ob wir eine Minna von Barnhelm von ihm hätten, wenn er nicht diesen Posten angenommen. Bey allen seinen Zerstreuungen machte er sich Plane zu Komödien und Tragödien, und seine Lust zu theatralischen Arbeiten verleidete ihm nicht der sonderbare Geschmack, der damals in Breslau herrschte. Schuch, der berühmte Hanswurst, den man sich jetzt noch oft zurückwünscht, spielte damals zu Breslau, vornehmlich den Winter durch, mit seiner Gesellschaft, muß ich schon sagen, ob sie gleich wahrem Lumpengesindel ähnlich sah, das Schuch auch nach Verdienst zu behandeln wußte; ein paar Personen ausgenommen, die weder vor seinen Schnurren aufkamen, noch lange bey ihm blieben. Er gab seine Haupt- und Staatsaktionen und seine Burlesken mit mehr Beyfall, als die regelmäßigen Stücke, die er nicht dem so genannten sich aufklärenden Publicum zu gefallen aufführte, sondern weil er alle Tage selbst zu spielen nicht aushalten konnte. Wer beyde Arten von Vorstellungen damals gesehen, wird es gar nicht sonderbar finden, wenn Lessing selbst die letztern weniger besuchte, als die erstern; diese zwangen ihn doch manchmal zum Lachen, die regelmäßigen Stücke aber nur zum Gähnen und Herausgehn. [...] Das Plumpe, Gemeine, Unpolirte, die oft wiederkommenden Lazzi[5] und Schnurren jenes meisterhaften Possenreißers waren deshalb nicht weniger, was sie waren; aber blieben doch etwas aus der wahren alltäglichen Natur.«

(Lessings Leben, Bd. 1. S. 220–236)

Lessing am 20. August 1764 an Karl Wilhelm Ramler; er berichtet nach seiner Genesung dem Freund zum erstenmal über die Arbeit an der neuen Komödie:

»Ich brenne vor Begierde, die letzte Hand an meine Minna von Barnhelm zu legen; und doch wollte ich auch nicht gern mit halbem Kopfe daran arbeiten. Ich habe Ihnen von diesem Lustspiele nichts sagen können, weil es wirklich eins von meinen letzten Projekten ist. Wenn es nicht besser, als alle meine bisherigen dramatischen Stücke wird, so bin ich fest entschlossen, mich mit dem Theater gar nicht mehr abzugeben.«

(Schriften, Bd. 17. S. 212)

5. Lazzi (ital., Sing. Lazzo), komische, meist nur mimische Improvisationen des Hanswursts.

Lessings Briefe und die Hamburger Senatsprotokolle geben Einblick in die Verhandlungen um die Aufführungsgenehmigung für »Minna von Barnhelm«. Am 4. August 1767 schreibt Lessing an Friedrich Nicolai:

»Hier ist sie [die »Minna«] auf Ansuchen des H. von Hecht[6] zu spielen verbothen, und dieser sagt, daß er den Befehl dazu von Berlin erhalten.«

(Schriften, Bd. 17. S. 235)

Darauf schreibt Lessing ein »Promemoria«[7] nach Berlin und erhält als Antwort, der preußische Minister von Finckenstein habe Hecht keine Weisungen bezüglich des Stückes und seiner Aufführung gegeben. Hecht wendet sich nun selbst an den preußischen Minister, der aber mit der Antwort zögert. Inzwischen bittet Lessing den Hamburger Senat, der Aufführung auf eigene Verantwortung (so auch die Empfehlung Hechts) zuzustimmen. Der Senat geht darauf nicht ein und verbietet die Aufführung von sich aus. Lessing schreibt an seinen Bruder Karl (21. September 1767):

»Das Promemoria wegen der Minna hat mir so viel als nichts geholfen, und das Stück bleibt verboten. Hecht sagte: er habe mehr als einmal bey dem Minister von Finkenstein desfalls angehalten, aber keine Antwortung bekommen. [...] N. S. [...] Eben läßt mir der Resident von Hecht sagen, daß die Minna nun endlich gespielt werden dürfe.«

(Schriften, Bd. 17. S. 238 f.)

Am 14. September hatte der Senat die Aufführung verboten, am 21. kommt aus Berlin die Erlaubnis, daraufhin beschließt am 23. der Senat, »die Aufführung des gedachten Stückes auf hiesigem Theater nicht ferner zu verbieten«.

---

6. Johann Julius von Hecht, preuß. Regierungsvertreter in Hamburg.
7. Denkschrift.

V. Dokumente zur Wirkungsgeschichte

Der Theaterzettel der Hamburger Uraufführung vom 30. September 1767 ist verlorengegangen, erhalten ist uns der Theaterzettel der ersten Wiederholung am 1. Oktober (aufbewahrt in der Forschungsbibliothek Gotha, ›Sammlung Komödienzettel des Kochschen Theaters 1759–72‹).

(Mit Genehmigung einer hohen Obrigkeit.)

Heute,

Donnerstags, den 1sten October,

nochmals

Minna von Barnhelm,

oder:

Das Soldatenglück.

Eine neue Comödie des Hrn. Leßing in fünf Aufzügen.

Personen:

Major von Tellheim, verabschiedet.	—	Herr Ekhof.
Minna von Barnhelm.	—	Madame Henßl.
Graf von Bruchsal, ihr Oheim.	—	Herr Schmelz.
Francisca, ihr Mägdchen.	—	Madame Schulz.
Paul Werner, gewesener Wachtmeister des Majors.	—	Herr Borchers.
Der Wirth.	—	Herr Borchers.
Eine Dame in Trauer.	—	Madame Löwen.
Ein Feldjäger.	—	Herr Cludius.
Just, Bedienter des Majors.	—	Herr Henßl.
Riccaut de la Marliniere.	—	Herr Böck.

Den Beschluß macht

Ein Ballet.

Der Name des Wachtmeisters wurde in Paul Weller um-
geändert, um eine Anspielung auf General von Werner zu
vermeiden, der – Gerüchten zufolge – sich vom einfachen
Wachtmeister zum General emporgedient haben soll. – Die
Rolle spielte der Theaterprinzipal Konrad Ackermann
(1710–71), sein Name erscheint erst auf den späteren Zet-
teln.
Die Hamburger Aufführung erlebte, die Gastspiele in Han-
nover mitgerechnet, vom 30. September bis zum 5. Dezember 1767 insgesamt 16 Wiederholungen.
Die nächste Aufführung fand unter Joseph von Kurz (1715
bis 1784) am 17. Oktober 1767 in Frankfurt a. M. statt.
Von besonderem Interesse ist die ›Nachricht‹ zum besseren
Verständnis für das Publikum auf dem Frankfurter Theaterzettel:

»Wir liefern unsern, Hohen gnädig, und geneigten Gönnern
und Kennern, von unsrer Schaubühne ein Meisterstück des
Herrn Gotthold Ephraim Lessing. Man sieht, und hört in
dem ganzen Stücke nicht geborgtes, sondern eine soldatische Denckungsart, die sich selbst zu einem Original machet.
Die Caracteurs sind durchaus vollkommen, und schön geschildert: Der Major ein Verdienstvoller, doch durch Armuth verunglückter Mann, zeigt einen edlen Caracteur,
ohne Prahlerey; Minna von Barnhelm, ein junges Fräulein,
aus Sachsen, zeigt ihr lebhaftes, und nach ihrer angebohrnen
Landesart, schertzvolles und munteres Wesen; Franciska, ein
verliebtes und geschwätziges Mägden, hat der Autor auch
vollkommen nach Sachsen gebildet; Paul Werner, ein recht-
schaffener zärtlicher Mann, der vor seinen Major Gut, Blut
und Leben aufopfern will, schildert der Verfasser, als einen
edlen, und rechtschaffenen Freund, und guten Soldaten;
So, wie die Rolle des Justs, der seinen Herrn auch in dem
Unglück nicht verlassen will; Der Caracteur des Wirths,
eines intriguanten Mannes, hat der Autor vollkommen, nach
einigen auf dergleichen Art in der großen Welt sich be-
findende, geschildert. Das Stück ist abwechselnd, und voll
Handlung, die Natur vollkommen nachgeahmet, und die
Redensart Poetisch-Prosaisch, ein Stil an welchem uns bereits ein Gessner, ein Wieland, ein Gerstenberg, ein Schmidt,
etc. und andere gelehrte Männer, Geschmack zu finden ge-
lehret haben; Unser lob wird nicht hinreichend seyn, das

gebührende, dem Verfasser, zum Lohn seiner Verfassung,
zu geben, seiner Mühe zu vergelten, da er 4. Jahre, das Stück
liegen gelassen, um täglich mit neuen Schönheiten zu verbessern; Nein ein allgemeiner Beyfall muß seine Arbeit
krönen. Wir haben also heute die Ehre zum erstenmale,
dieses Stück aufzuführen, und unsere Hohe, gnädigen, geneigten Gönner und Kenner, damit zu unterhalten: Ein
Stück wo wir uns schon zum Voraus nicht wenig einbilden:
aber was werden wir uns nicht erst einbilden? wenn wir,
und das Soldaten-Glück, von unsern Hohen, gnädigen, und
geneigten Gönnern, und Kennern, sind mit einem Laut, mit
einem gnädigen Beyfall aufgenommen worden!«

(Labus, S. 22 f.)

In Wien (Erstaufführung 14. November 1767) fügte man
dem gekürzten Text folgende ›Nachricht‹ an:

»Selbst der Verfasser dieses Stückes wird es nicht mißbilligen können, daß wir dasselbe hier etwas verändert abdruk-
ken lassen. Einige Stellen, die anstößig – wenigstens für
uns – sind, mußten wegbleiben, und weil es sehr lang ist:
so wurde es hin und wieder, so viel nothwendig schien,
abgekürzt. Ohne diese Veränderung war es für unser Theater unbrauchbar: sollten wir aber deswegen ein so vortref-
liches Stück verliehren, welches im eigentlichsten Verstande
ein deutsches Originalstück heißen kann?«

(Labus, S. 29)

Von dem Eindruck der Leipziger Aufführung (18. November 1767) auf einen Verehrer Lessings zeugt der folgende
Brief an Lessing:

Hochedelgebohrner Herr,
Hochzuverehrender Herr!

Minna von Barnhelm ist schuld an dem Briefe, der Ihnen
vielleicht just zu einer Zeit eingehändigt werden kann, da
Sie und ich es am wenigsten wünschen. – Aber, Minna von
Barnhelm, ihr lieber Tellheim und Paul Werner mit einge-
schlossen, die mögen zusehen, wie sie mich bey Ihnen ent-
schuldigen.
Gestern, an einer Mittwoche, gehe ich in die Comödie, in
der guten Absicht, mich für einen verdrüßlichen und trüben
Tag schadlos zu halten. – Weil ich eben nicht neugierig bin,

und bey übler Witterung den ganzen Tag wenig auskomme: so hatte ich auch nicht einmal gelesen, was Koch angeschlagen hatte. Ich wage also meine Sechs Groschen auf gut Glück. – Gleich bey meiner Ankunft im par terre aber finde ich eine ganze Bank voll Juden; Ha! dachte ich, ohnfehlbar wird ich ein Stück vom Herrn Lessing gemacht; und ich vermuthete die Miß Sara, und freute mich; denn die hatte ich längst gerne sehen wollen. Aber ich erfuhr, noch unter der Sinfonie, von meinem Nachbar, daß Minna von Barnhelm heut zum Erstenmal aufgeführt würde. Unterdessen wurde das par terre so gedrungen voll, und die Gardine gieng auf. – Just, auf seinem Kröpel, schlummerte, murmelte und fluchte mit unter, kraft seines Amts, als Bediente vom Herrn Major, tapfer auf den Grobian, seinen Wirth, los; der auch bald darauf mit seinem gedoppelten Lachs angestochen kam. –

Ich ward von einer Scene zu andern aufgeräumter, und beym zweeten Akte verlor sich schon meine Melancholie völlig.

[Des weiteren bittet der Verfasser des Briefes, der Theologiestudent Johann Gottfried Kirsch, Lessing, ihm ein Exemplar seiner Schriften zu schenken, da er kein Geld habe.]

(Schriften, Bd. 19. S. 232–234)

Über die Berliner Aufführung (21. März 1768) schreibt Karl L e s s i n g an seinen Bruder:

Berlin, den 22. März 1768

Liebster Bruder,

Daß ich Dir seit langer Zeit nicht geschrieben, daran ist Meil und Du selbst Schuld: Meil, weil er mit den Vignetten schon vor 14 Tagen fertig seyn wollte, aber nicht war (doch gewiß auf künftige Woche); Du, weil man Deine Minna von Barnhelm schon seit vier Wochen geben wollte, und erst gestern gab. Ja, ja; Döbbelin gab sie! Und ich muß Dir sagen, er hat damit das Publikum versöhnt, das in seine Bude gar nicht mehr kommen wollte. Gestern sah ich aber ein ganz volles Parterre, und, was noch seltener ist, ein vergnügtes. Gewiß, Bruder, seit langer Zeit hatte ich keinen so frohen Abend, und denke auch heute ihn wieder zu haben. Aber haben sie es denn so herrlich gemacht? wirst Du fragen. Sie haben wenigstens nichts verdorben. Inhalt, Charaktere und Situationen des Stücks sind mir

gewiß nicht unbekannt, und ich habe mir manchen Spazier-
gang damit verkürzt, nachzudenken, wie diese oder jene
Stellen nach meiner Meynung zu machen wären. Dem ungeachtet ist mir in der ganzen Vorstellung nicht mein Eigen-
dünkel eingefallen; noch weniger, daß ich vor der Bühne
stand: da ich doch zwischen dem zweyten und dritten Akt
in der Garderobe war, und aus dem schlanken, kalten und
unreitzbaren Körper der Döbbelin die einnehmende Minna
formen sah. Will man mehr, so giebt man sich freylich ein
großes kritisches Ansehen; man ist aber auch unbillig. Doch
ich komme ins Schwatzen, worein sich meistens unsere angenehmen Empfindungen aufzulösen scheinen, und will Dir
also nur kurz sagen, wie die Rollen vertheilt waren. Den
Tellheim machte Schmelz. Er hat nicht die angenehmste
Sprache; aber seine Figur, seine Aktion, seine stille Empfindung entschädigen. Er war ohne alle heftige Gestikula-
tion, und man sah doch, wie ihn das Unglück niedergeschlagen, wie er vor Verdruß über widerfahrnes Unrecht ganz
unthätig, ganz fühllos geworden, und Rechtschaffenheit und
Edelmuth an ihm nur noch mechanisch waren. Wie bitter
lachte er über das Unglück! wie sehr zwang er sich, seine
zärtlichen Empfindungen zu unterdrücken! Aber vor allen
andern, seine auf einmal erwachende Zärtlichkeit, da er
seine Minna unglücklich sah! Ohne Übertreibung versichere
ich Dich, ich habe noch keine solche wahre, edle und doch
feurige Liebe auf dem Theater gesehen, als in dieser Situation. Freylich kenne ich wenige Theater, und davon mag
wohl auch etwas in meinem Lobe liegen. Eckhofen kenne
ich von Leipzig her, und nach der Sage aller, ist er der
beste Deutsche Akteur; ich wette aber Eins gegen Hundert,
er macht den Tellheim nicht besser. Das Äußere will ich
gar nicht rechnen, ob es gleich auf dem Theater in Anschlag
kommen muß, man denke so geistig als man will.
Die Schulzin war Franziska. Nun, weil Du sie gesehen, will
ich nichts sagen. Man muß ihr in dieser Rolle doch gut seyn;
wegen ihrer Schönheit außer dem Theater gewiß nicht!
Döbbelin spielte den Wachtmeister; jedermann sagte, ein
geborner Wachtmeister! Es ist recht ärgerlich, daß er nicht
gut memorirt hatte, und also oft ein Wort zu sehr dehnte.
Sein Herzenswunsch wurde erfüllt: man beklatschte ihn so
viel, daß es den übrigen Zuschauern lästig fiel. Ob er allezeit
wußte, warum, daran liegt mir nichts, und ich gönne meinem

Nächsten immer mit ein Vergnügen, wo ich selbst Vergnügen habe.

Seine Frau war Minna. Ob sie so ganz mit Leib und Seele dies zum ersten und einzigen Male liebende Fräulein war: das will ich nicht untersuchen. Sie hat ein gutes Gedächtniß, ist unverdrossen, und wäre ihre Sprache besser, so könnte sie, selbst ohne Empfindung, ihre Rollen mit Empfindung zu spielen scheinen. Just war Kalte; er spielte ihn besser, als ich glaubte: nur plumper hätte er seyn sollen. Den Wirth machte Schulze. Obschon oft ausgepfiffen, war er doch hier an seiner rechten Stelle. Das ganze Parterre vergißt den schlechten Akteur, sobald der schurkische Wirth und Hamburgische Grobian spielt. Ehe ich auf den Franzosen komme, den Lambrecht machte, ein kleines Anekdötchen! Döbbelin hatte diese Rolle seinem Balletmeister Dupuis bestimmt; aber dieser zögerte so lange, ungeachtet er mir selbst versprochen, sie zu übernehmen. Einige seiner Landsleute mochten es ihm wohl abgerathen haben; denn er ist ganz dazu geboren, sich in dieser Rolle zu verewigen. Er spricht gut Französisch, hat sogar, wie er sich Deutsch ausdrückt, die Premier-Rollen gemacht, par honneur, nicht um Geld; und den hätte ich sehen wollen, der von ihm ein Wort anders gehört hätte, als es vorgeschrieben war. Ich glaubte, das wenigste, was Lambrechten widerfahren könne, sey, ausgelacht zu werden. Aber nein, auch er übertraf alles Erwarten. Er hatte sich unbeschreibliche Mühe gegeben. Er sprach das Französische ziemlich richtig. Über seine Kunst, das Glück zu corrigiren, lächelte er sich selbst wahre Beyfallsmienen zu. Bey dem allen aber hätte die Rolle immer besser gemacht werden können. Doch es wäre ungerechte Tadelsucht, deswegen Speisen unschmackhaft zu finden, weil es auf andren Tafeln bessere und delikatere giebt. Wenn der Kritiker es thut, so handelt er vielleicht recht: er ist gleichsam der Wirth, der den Koch belehren will; bey dem Gast aber wäre es blanke Ungezogenheit.

Die Dame in Trauer war die Schmelzinn. Sie deklamirt sehr richtig; ich habe mir aber ein anderes Frauenzimmer, als sie spielte, unter dieser Rolle vorgestellt. Den andren Bedienten machte der jüngere Felbrig, und den Grafen von Bruchsal äußerst schlecht ein gewisser junger Wille.

Sey nur nicht böse über mein Geschwätz. Ich habe nie mit größerem Vergnügen geschwatzt als heute. Ich kann Dich

auch versichern, es ist in deinem Stücke mit Vorsatz kein
Wort ausgestrichen oder ausgelassen worden. Über die ex-
akte Polizey lachte man von Herzen. Nur das abscheuliche
Wort: *Hure*, erstickte dem Reitknecht Just halb im Munde.
Doch ich muß aufhören, sonst schreibe ich noch zehn Bogen.
Mit ehestem mehr. Lebe wohl, lieber Bruder. Und wenn
Du mir in meinem Leben keine Güte erwiesen hättest, so
würde ich Dir doch für den gestrigen Abend, und für die
Stunden, worin ich deine Minna gelesen habe, unendlich
verbunden seyn. Reitzt Dich das Vergnügen, eine große
Anzahl Menschen vergnügt gemacht zu haben, nicht; was
soll Dich dann reitzen? Wahrhaftig, ich dürfte nicht an
Deiner Stelle seyn, ich schriebe Komödie auf Komödie.
Denn Menschen vergnügt machen, heißt: sie in den glück-
lichsten Zustand setzen.

Dein

treuer Bruder,
Karl.

(Schriften, Bd. 19. S. 248–250)

Zu dem ›anstößigsten‹ Wort seines Lustspiels nahm Lessing
selbst wie folgt Stellung:

»Man hat über das Wort Hure in meiner Minna geschrieben.
Der Schauspieler hat es sich nicht einmal unterstehen wollen
zu sagen. Immerhin; ich werde es nicht ausstreichen und
werde es überall wieder brauchen, wo ich glaube, daß es
hingehört, [...] sehr oft sind das verschämteste Betragen
und die unzüchtigsten Gedanken in einer Person. Nur weil
sie sich dieser zu sehr bewußt sind, nehmen sie ein desto
züchtigeres Äußerliches an. Durch nichts verraten sich dergleichen Leute aber mehr als dadurch, daß sie sich am meisten durch die groben, plumpen Worte, die das Unzüchtige
geradezu ausdrücken, beleidigt finden lassen und weit nach-
sichtiger sind gegen die schlüpfrigsten Gedanken, wenn sie
nur in feine unanstößige Worte gekleidet sind.«

(Oehlke, Bd. 1. S. 422)

Von dem großen Erfolg des Lustspiels in Berlin berichtet
ein Brief Karl L e s s i n g s an seinen Bruder vom 11. April
1768:

»Deine Minna wurde zehnmal ununterbrochen vor einem
vollen Hause aufgeführt; und es wäre noch mehrmal ge-

schehen, wenn nicht das letztemal der Prinz Heinrich, die
Prinzessin Philippine und der Markgraf Heinrich zugegen
gewesen wären. Aus Achtung gegen sie wurde das Stück
nicht laut vom Parterre wieder verlangt. (Dieses Wieder-
fordern ist auch erst durch Dein Stück eingeführt worden.)
Mein zerstreuter Döbbelin kündigte also das erste beste
Stück an, das ihm einfiel: – den Bocksbeutel[1]. Der Bocksbeutel auf die Minna! murrte man, und schimpfte den ge-
krönten Wachtmeister[2] einen unwissenden Narren. Aber
mit Unrecht; es war von Döbbelin weislich gehandelt. Er
kennt die Großen, denen der Bocksbeutel ein sehr schönes
Stück ist.«

(Schriften, Bd. 19. S. 251)

D ö b b e l i n selbst schreibt in einem Brief vom 29. März
1768 an F. W. Großmann mit nicht zu überhörendem Selbst-
gefühl vom großen Erfolg seiner Aufführung:

»Gestern acht Tage, nehmlich den 21. März 1768 gab ich
zum ersten mahle Minna von Barnhelm, oder das Soldaten
Glück, ein unerhörter Beifall den wir in diesem und durch
dieses Stück erworben macht daß es heute zum 8ten mahle
gegeben wird und Morgen zum 9ten mahle schon von großen Herrschaften bestellt worden. Nie hat Deutschland diesen Zeitpunkt erlebt. Ich bin der glückliche Sterbliche, der
das Werckzeug ist wodurch ganz Berlin enthusiastisch wird.
Gestern bei der siebenten Vorstellung musten 12 Kutschen
mit Herrschaften zurückfahren die nicht Platz hatten und
wenigstens 200 Fußgänger, zweifeln Sie noch daß wir agiren können? Heute hat es das Ansehn, daß der Schauplan
ebenfalls die Zuhörer nicht wird fassen können. Nach den
zwei ersten Vorstellungen wurde, weil ich abdankte daß ein
Stück auß dem Französischen aufgeführt werden sollte im
Parterre einmüthig Minna! gerufen.«

(Labus, S. 42)

Ähnlich lautet das berühmte Urteil der K a r s c h i n (Anna
Luise Karsch, 1722–91) in einem Brief vom 29. März 1768
an Gleim:

»Die Gallerie, die Logen, das Parterre, alles wird voll; ich
mußte mich begnügen, einen Platz auf dem Theater zu fin-

---

1. »Der Bookesbeutel« (1741) von Hinrich Borkenstein (1705–77).
2. Döbbelin spielte die Rolle Werners in der »Minna«.

den; denn auch das war auf beiden Seiten besetzt, ein
außerordentlicher Zusatz zur Ehre des Herrn Lessings;
denn vor ihm hat's noch keinem deutschen Dichter gelungen,
daß er den Edlen und dem Volk, den Gelehrten und den
Laien zugleich eine Art von Begeisterung eingeflößt und so
durchgängig gefallen hätte.«

(Labus, S. 43)

In einem Brief vom 25. September 1769 an Lessing übt
G l e i m Kritik an Döbbelins Berliner Aufführung:

»Zu Berlin hört ich ihre Minna von Barnhelm. Der Schauspieler kan sie nicht ganz verderben, sie wird immer gefallen; aber wenn Döblin nicht alle Charactere durch Stimme, Gebärde, durch alles, so geflißenlich übertriebe, so
würde das vortrefliche Stück unendlich dabey gewinnen!«

(Schriften, Bd. 19. S. 331)

1771 führte die Kochsche Truppe »Minna von Barnhelm«
in Berlin wieder unter großem Beifall auf; das Berliner
Publikum verfiel in eine wahre Minna-Mode, die sich schon
früher in Chodowieckis Kupfern zu »Minna von Barnhelm«
(1770) ausdrückte; Karl Wilhelm R a m l e r schreibt am
2. August 1771 an Karl Ludwig von Knebel:

»Morgen wird die berühmte Minna zum ersten Mal aufgeführt werden. Lessing kann sich nicht beschweren, daß wir
undankbar gegen seine Muse sind. Wir haben sie hier zwan-
zigmal hinter einander gespielt [nämlich 1768]; wir haben
sie in Kupfer stechen und in die Kalender setzen lassen
[durch Chodowiecki]; wir haben diese Minna sogar auf
die Punschnäpfe malen lassen. Nur hat sie ihm nichts ein-
gebracht: das ist Alles, worüber er sich beklagen kann. Die
Pariser Poeten werden von Einem solchen Stücke gespeiset,
getränkt, gekleidet, beherbergt; und von sechs guten Stük-
ken können sie gar reich werden.«

(Danzel, Bd. 2. S. 119)

Aus den Rezensionen zu Lessings Lustspiel, das Ostern 1767
auf dem Büchermarkt erschien, und aus den zeitgenössischen
Theaterkritiken wird deutlich, wie das Stück in der Zeit
und vor dem zeitgeschichtlichen Hintergrund des noch nicht
vergessenen Krieges auf das Publikum gewirkt hat. So schreibt
die »Berlinische privilegirte Zeitung« am 9. April 1767:

Illustration zu III, 10, einer der zwölf Kupferstiche, die Daniel Chodowiecki zu »Minna von Barnhelm« anfertigte, im Probedruck. (Staatsgalerie Stuttgart)

»Hier ist alles Soldat; man sehe aber, welche Gradationen der Dichter anzubringen gewußt hat. Der Charakter des Majors von Tellheim ist Edelmuth, Tapferkeit, Ehrliebe im höchsten Grade, vermischt mit einem gewissen Eigenthümlichen, das einen selbst denkenden Weltweisen verräth. Paul Werner ist sehr brav, sehr treu, sehr gutherzig. Just, ein gewesener Packknecht, ist hart, grob, aber im Grunde gut und sklavisch treu. Und damit nicht alle Soldaten die Güte des Herzens zur Grundlage haben, so ist der Charakter einer Nebenperson, des Prahlers Riccaut de la Marliniere betrieglich und niederträchtig: und doch wird es wieder zweifelhaft gemacht, ob nicht ein Theil seines verrathenen schlechten Charakters mehr Leichtsinn der Nation und ein närrischer Stolz, als Bösartigkeit sey. Das Fräulein von Barnhelm ist recht so, wie sie sich für den Tellheim schickt: der Himmel hätte ihm keine bessere Braut geben können, seinen männlichen Ernst aufzuheitern [...]. Man sieht, daß sich diese Komödie aus der Welt und nicht aus der Studierstube herschreibt. [...] Die Wirkung des Stücks ist, daß es oft zum Lachen, weit öfter zum Lächeln, und nicht selten zu Thränen bewegt. Es ist dies Lustspiel eins von den wenigen, die einen Originalcharakter haben, und sollte also denen billig mißfallen, die nichts für schön halten, als was den Zuschnitt jenseit des Rheins erhalten hat. Damit es aber diesen doch auch gefalle, so müssen wir ihnen sagen, daß es Diderots[3] philosophischen Geist, des Marivaux[4] feinen Witz und des Destouches[5] Reichthum der Charakter vereiniget.«

(Braun, Bd. 1. S. 177 f.)

In der gleichen Zeitung heißt es am 14. Mai 1767:

»Von der Minna von Barnhelm oder dem Soldatenglücke haben wir bereits [...] Nachricht gegeben. Es ist wegen der Menge von selbstgedachten Wahrheiten, wegen des mannigfaltigen Witzes, wegen den fein schattirten Charakter, das Meisterstück unsers Verfassers. Die Fabel dazu ist bloß er-

---

3. Denis Diderot (1713–84), frz. Schriftsteller, Mitherausgeber der »Encyclopédie«.
4. Pierre Chamblain de Marivaux (1688–1763), frz. Komödien- und Romanautor.
5. Philippe Néricault Destouches (1680–1754), frz. Lustspielautor.

dichtet, die Gelegenheit aber hat ihm ohne Zweifel sein letzter Umgang mit hohen und niedrigen Kriegsbedienten gegeben. In dem Charakter des Majors von Tellheim finden einige Freunde den seligen Major von Kleist geschildert: ein sehr schönes Denkmal der letzten vertrauten Freundschaft des Herrn Leßings mit diesem heldenmüthigen und menschenfreundlichen Dichter.«

(Braun, Bd. 1. S. 181 f.)

Aus der Theaterkritik der Hamburger Zeitschrift »Unterhaltungen« über die Leipziger Aufführung am 18. und 20. November 1767:

»Das ganze Stück nimmt sich unvergleichlich aus. Ein Paar Stellen wurden weggelassen, uns deucht aus allzugroßer Bedenklichkeit. Darf man denn in Sachsen über die Schlacht bei Rosbach nicht mehr lachen?«

(Braun, Bd. 1. S. 196 f.)

Lessing hat in einem Brief vom 25. Mai 1777 an Friedrich Nicolai seine Stellung zwischen Sachsen und Preußen so umrissen:

»Was Sie mir sonst von der guten Meynung schreiben, in welcher ich bey den dortigen Theologen und Freygeistern stehe, erinnert mich, daß ich gleicher Gestalt im vorigen Kriege zu Leipzig für einen Erzpreußen, und in Berlin für einen Erzsachsen bin gehalten worden, weil ich keines von beyden war, und keines von beyden seyn mußte – wenigstens um die Minna zu machen.«

(Schriften, Bd. 18. S. 244)

Eine Rezension der »Lustspiele von G. E. Leßing. Zwey Theyle. Bey Voß« in den Hamburgischen »Unterhaltungen« vom September 1767 sagt:

»Ein besonderes Lob verdient noch der Dialog des Herrn Leßings. Es herrscht darinn allenthalben der wahre ungekünstelte Ton des Umgangs; er hat die verschiednen Redensarten des höhern und niedern Standes, die eigenthümlichen Wendungen der Sprache überhaupt, und die besondern Inversionen und Ausdrücke der Leidenschaft und der Laune vollkommen in seiner Gewalt; seine Personen reden beständig munter, unterhaltend, charakteristisch; alles, was sie sagen, hängt ohne ängstliche Verbindung, in der verschönerten Unordnung wirklicher Gespräche, an einander; sie locken sich die Antworten ab, unterbrechen sich oft, und zwar beständig da, wo sie sollen.«

(Braun, Bd. 1. S. 192)

»Deutsche Bibliothek der schönen Wissenschaften«, Halle 1767, 2. Stück:

»Überdem ist dieses Lustspiel ein neuer Beweiß, in welchem Grade H.[err] L.[essing] den Ton der Comödie besitze: Die edle Denkungsart eines Tellheim; seine zärtliche Liebe von Großmuth begleitet; verschiedene rührende Situationen gränzen so nahe an das tragische, daß mancher Schauspieldichter sich dadurch hätte verleiten lassen, uns etwas von dem tragischkomischen zu liefern, welches der wahren Natur der Bühne so sehr zuwider ist. [...] Gewisse traurige Auftritte können sehr wohl in einem Lustspiele vorkommen, ohne dem Wesentlichen desselben den geringsten Eintrag zu thun, wenn diese Traurigkeit sich nur nicht zu sehr über das *Ganze* verbreitet, und der Dichter die Kunst versteht, es nicht so wohl in die *Reden* der handelnden Personen, als in ihre Situation selbst zu legen.«

(Braun, Bd. 1. S. 197 f.)

Daß »Minna von Barnhelm« von Zeitgenossen auch als ›rührendes Lustspiel‹ verstanden wurde oder zumindest die rührenden Partien das Publikum bewegten, beweisen die Theaterkritiken und ein Bericht von Matthias C l a u d i u s (1740–1815) in den »Hamburgischen Addreß-Comptoir-Nachrichten« vom 11. November 1769 anläßlich der Wiederaufführung des Stücks durch die Ackermannsche Truppe. In der fiktiven »Korrespondenz zwischen Fritz, seinem Vater und seiner Tante« zeigt sich Fritz von der unmittelbaren Wirkung des Stücks beeindruckt:

»O! ich kann Ihnen nicht so recht sagen, wie das alles war; aber ich will Ihr Fritz nicht seyn, wenn mir nicht dreimal bei dem, was diese Leute sagten und thaten, die Thränen in die Augen getreten sind. [...]
Vetter Steffen sagte mir im Vertrauen, daß ein Mann, der Lessing heißt, und der sich hier aufhalten soll, die ganze Geschichte gemacht habe. – Nun so vergebs ihm Gott, daß

er dem Major und dem armen Fräulein so viel Unruhe gemacht hat. Ich will gewiß den Hut nicht vor ihm abnehmen,
wenn er mir begegnet. Aber zehn Thaler wollte ich geben,
wenn ich noch einmal eine solche Geschichte mit ansehen
könnte. Mir war den ganzen Abend das Herz so groß und
so warm – ich hatte einen so heißen Durst nach edlen Thaten – ja ich glaube wahrhaftig, wenn man solche Leute oft
sähe, man könnte endlich selbst rechtschaffen und groß-
müthig mit ihnen werden.«

(Braun, Bd. 1. S. 243 f.)

»Allgemeine deutsche Bibliothek«, Berlin und Stettin 1770,
11. Band, 1. Stück:

»Wir wollen nichts von allen Vorzügen dieses Stücks, die
man schon längst angemerkt hat, erwähnen, wir müssen
aber doch hinzufügen, daß es auch sehr rührende Stellen
hat, und sich also dadurch von den vorhergehenden unterscheidet. In der That, die recht schmelzende *Gutherzigkeit*,
die gewissermaßen den Hauptcharakter des Stücks ausmacht,
ist vortreflich in mehr als einer Person angebracht. Riccaut scheint uns gar nicht am unrechten Orte zu seyn; denn
auch das Drama kann seine Episoden haben.«

(Braun, Bd. 1. S. 326)

»Unterhaltungen«, Hamburg, September 1767:

»Die Fehler des Stücks, die wir nach unsrer besten Einsicht
mit Dreistigkeit anzeigen wollen, scheinet theils die spitzfindige Beschaffenheit, theils die Armuth der Handlung
verursacht zu haben. Oder ist es nicht die Armuth der
Handlung, die Herrn Leßing bewogen, aus Kleinigkeiten
Scenen zu machen, und überall weite Lücken mit Episoden
auszufüllen [...]? Den Riccaut de la Marliniere wünschten
wir ganz aus dem Stücke heraus; er ist mehr als überflüßig.«

(Braun, Bd. 1. S. 193 f.)

»Deutsche Bibliothek der schönen Wissenschaften«, Halle
1767, 2. Stück:

»Was uns am wenigsten in dem Lustspiele gefällt, ist der
französische Officier. Warum mußte dieser just ein *Fran-
zose* sein? Er kömmt bloß, eine Satyre auf sich machen zu
lassen.«

(Braun, Bd. 1. S. 199)

Von dem Wiener Cornelius von A y r e n h o f f (1733 bis
1819), Dramatiker in der Nachfolge des französischen Klassi-
zismus und Gegner des Sturm und Drang wie der Weimara-
ner, stammt das Epigramm:

> Komödie – nicht Karikatur,
> Zum wiehern nicht, zum lächeln nur.
> Doch fragen Viele – nicht Franzosen blos:
> Der Schurk im Stück, Warum ist er Franzos?

> (Ayrenhoff: Sämtliche Werke. Bd. 5.
> Wien 1803. S. 17)

Der Wiener Theaterkritiker und -reformator Josef Ritter
von S o n n e n f e l s (1733–1817) wendet sich in den
»Briefen über die wienerische Schaubühne von einem Franzosen« vom 18. März 1768 gegen den nach seiner Ansicht
irreführenden Titel:

»Warum *Soldatenglück*? sind die reichen Fräulein wie
Minna, die gewöhnliche Belohnung *wackerer* Offiziere? Wäre
vielleicht das Soldatenglück damit alle, daß sie nach langer
Ungerechtigkeit in einem königlichen Handschreiben versichert werden: *Sie seyn nicht das, wofür man sie angab?*«

> (Braun, Bd. 1. S. 204)

Über die Frage der Doppeltitel allgemein schrieb Lessing
im 22. Stück der Hamburgischen Dramaturgie:

»Ein Lustspiel kann einen doppelten Titel haben; doch versteht sich; daß jeder etwas anderes sagen muß.«

Zur Figur Riccauts schrieb S o n n e n f e l s :

»Riccaut de Marliniere, einen beurlaubten Offizier, dem der
Verfasser alle Unbesonnenheiten, Großsprechereyen und
Taschenkünste unsrer Cadedis[6] beigelegt, der seine Sprache
wie das Deutsche radebricht, haben die deutschen Schauspieler weggelassen; wie sie sagen, weil sie keinen unter ihnen haben, der das Französische mit der nothwendigen Fer-
tigkeit spricht. Man vermißt ihn bei der Aufführung im
geringsten nicht. Aber eine Rolle, die nirgend in einem
Stücke die geringste Lücke zurückläßt, ist gewiß eine müs-
sige Rolle.«

> (Braun, Bd. 1. S. 206 f.)

6. cadédis, frz., Henker, Schurke.

Wie stark Lessings Lustspiel in seiner Zeit wurzelte und auf sie wirkte, läßt G o e t h e s Würdigung im 7. Buch von »Dichtung und Wahrheit« (1812) erkennen:

»Eines Werks aber, der wahrsten Ausgeburt des Siebenjährigen Krieges, von vollkommenem norddeutschem Nationalgehalt, muß ich hier vor allen ehrenvoll erwähnen; es ist die erste aus dem bedeutenden Leben gegriffene Theaterproduktion, von spezifisch temporärem Gehalt, die deswegen auch eine nie zu berechnende Wirkung tat: ›Minna von Barnhelm‹. Lessing, der, im Gegensatze von Klopstock und Gleim, die persönliche Würde gern wegwarf, weil er sich zutraute, sie jeden Augenblick wieder ergreifen und aufnehmen zu können, gefiel sich in einem zerstreuten Wirtshaus- und Weltleben, da er gegen sein mächtig arbeitendes Innere stets ein gewaltiges Gegengewicht brauchte, und so hatte er sich auch in das Gefolge des Generals Tauentzien begeben. Man erkennt leicht, wie genanntes Stück zwischen Krieg und Frieden, Haß und Neigung erzeugt ist. Diese Produktion war es, die den Blick in eine höhere, bedeutendere Welt aus der literarischen und bürgerlichen, in welcher sich die Dichtkunst bisher bewegt hatte, glücklich eröffnete.
Die gehässige Spannung, in welcher Preußen und Sachsen sich während dieses Krieges gegen einander befanden, konnte durch die Beendigung desselben nicht aufgehoben werden. Der Sachse fühlte nun erst recht schmerzlich die Wunden, die ihm der überstolz gewordene Preuße geschlagen hatte. Durch den politischen Frieden konnte der Friede zwischen den Gemütern nicht sogleich hergestellt werden. Dieses aber sollte gedachtes Schauspiel im Bilde bewirken. Die Anmut und Liebenswürdigkeit der Sächsinnen überwindet den Wert, die Würde, den Starrsinn der Preußen, und sowohl an den Hauptpersonen als den Subalternen wird eine glückliche Vereinigung bizarrer und widerstrebender Elemente kunstgemäß dargestellt.«

(Goethes Werke, Bd. 9. Hamburg 1955.
S. 281 f.)

G o e t h e zu Eckermann am 27. März 1831:

»Sie mögen denken, sagte Goethe, wie das Stück auf uns jungen Leute wirkte, als es in jener dunkeln Zeit hervortrat! Es war wirklich ein glänzendes Meteor. Es machte uns aufmerksam, daß noch etwas Höheres existiere, als wovon die damalige schwache literarische Epoche einen Begriff hatte. Die beiden ersten Akte sind wirklich ein Meisterstück von Exposition, wovon man viel lernte und wovon man noch immer lernen kann.«

(Goethes Gespräche, hrsg. von Frhr. v. Biedermann, Bd. 4. Leipzig ²1910. S. 354)

G o e t h e zu Friedrich Wilhelm Riemer am 31. August 1806:

»Die beiden ersten Akte der Minna von Barnhelm sind schön und gut, sie haben Handlung und Fortschritt, im dritten stockt's. Man weiß nicht, woran es sich accrochiert[7]. Da erscheint ein retardierender Auftritt zwischen dem Wachtmeister und Franziska. Man sieht, Lessing hat Lust an den Charakteren selbst gewonnen und spielt mit denen, malt sie zu einzelnen Szenen aus, die als solche recht schön sind. Sensation des Stücks bei seiner ersten Erscheinung. Im Tellheim die Ansicht seiner Zeit und Welt im Punkt der Ehre, in Minna Lessings Verstand.«

(Goethes Gespräche, Bd. 1. ²1909. S. 446)

Ein Brief Johann Gottfried H e r d e r s (1744–1803) an seine Braut Caroline Flachsland vom 20. September 1770 zeigt, daß ihm der Charakter Tellheims natürlicher und realistischer vorkommt als der Minnas. (Christian Felix W e i ß e übte schon 1767 Kritik an der Figur der Minna, die »einem verbuhlten Mädchen ähnlich [sehe], das blos durch seinen Besitz ihre sinnliche Lust zu befriedigen denkt«.)

»»Minna gefällt Ihnen nicht, als Komödie, und von Komödien hat Ihnen noch keine gefallen!‹ Gut, meine liebe Freundin, aber warum müssen Sie sie, als Komödie lesen? [...] Ich lese Minna als eine kleine Dialogirte Geschichte, wo ich insonderheit die Andeutung Menschlicher Seelen, Handlungen, Charaktere, Reden, Worte studire; Verwicklung und Entwicklung, Plan und Fabel, untergeordnete und Hauptscenen geht mich Nichts an. Nun sagen Sie mir einmal, kleine eigensinnige Tadlerin! wie hat Ihnen der Cha-

---

7. woran es hängt.

rakter von Tellheim nicht gefallen können! Dieser Mann denkt so edel, so stark, so gut und zugleich so empfindsam, so Menschlich, gegen Alles, wie es seyn muß, gegen Minna und Jost, gegen Werner und die Oberstin, gegen den Pudel und gegen den Wirth, daß er, außer dem kleinen Soldaten-lichte, das ich ihm laße, ganz mein Mann ist! Freilich ist er gegen die Minna kein Petrarca, gegen den Wirth kein Hern-huter, gegen Josten kein Lammskerl, und gegen Werner kein weicher Narr; aber er ist überall Major, der edelste, stärkste Charakter, der immer mit einer gewißen Würde und Härte handelt, ohne die keine Mannsperson seyn sollte. In allem, was er sagt, würde ich kein Wort ändern, selbst bis auf die Stelle, wo er mit dem bittern ruhigen Lachen den härtesten Fluch gegen die Vorsehung redet – denn ach! auch dazu gehört, wenn man in die Situation kommt, Stärke und Mannheit, die freilich unsre gemeine Christliche, feige, heuchlerische Seelen nicht haben. Die Pistolen hangen nicht vergebens hinter seinem Bett, und auch selbst den Zug verzeihe ich ihm: er ist überall der brave Tellheim. Aber nun seine Minna? ja, die opfere ich Ihnen, das habe ich gleich gesagt, ganz auf. Meine Minna ists nicht: was kann ich davor, daß es Leßings seine ist, und daß er von den Weibern so schwache tändelnde und Komödianten-mäßige Begriffe hat? Mir gefällt sie gar nicht, außer in ein paar Stellen, und just eben da, wo das Eine Schwachheit ist und Überlaufen des Herzens (wo sie betet und den Ar-men gibt) und das zweite mal da, wo sie ganz aus ihrem Charakter geht und auf die ernsthafteste Art dem verzwei-felnden T[ellheim] zuspricht. Sie spricht sonst freilich im-mer, wie sie denkt; nur für mich denkt sie nicht gesetzt gnug: ihre Natur ist für mich nicht schön; aber ›unnatür-lich‹ spricht sie, dünkt mich, nie. ›Daß Kammermädchen, Soldat, und Wirth sich in die delikate Situation der Liebe mit einmischen, gefällt mir durchaus nicht!‹ Das konnte meine so billig denkende, Menschenfreundliche C[aroline] schreiben? Soll Soldat und Kammermädchen nicht lieben? und Jedes auf seine Art lieben, so delikat und undelikat als ihre Seele gemacht ist? [...] Will meine kleine billige Men-schenfreundin denn nicht, daß jeder nach seiner Art sei und glücklich sei? Warten Sie, wenn ich nach D[armstadt] komme, will ich Ihnen das Stück vorlesen und ich trotze Ihrer Critik. In Eutin war jeder dagegen so eingenommen,

daß Prinz, und Hofdamen die Nase rümpften; ich las es
vor, und ich habe Briefe, daß sie es jetzt spielen. Vermuthlich schlecht; aber sie spielens doch und wünschen mich
dazu.«

> (Herders Briefwechsel mit Caroline Flachsland,
> hrsg. von Hans Schauer. Bd. 1. Weimar 1926.
> S. 48–50)

Von den Urteilen der Romantiker, die in Lessing nicht den
Dichter, sondern den Verstandesmenschen sahen, klingt dasjenige August Wilhelm S c h l e g e l s (1767–1845) noch am
freundlichsten:

»Minna von Barnhelm ist ein wahres Lustspiel der feineren Art, in der Form hält es die Mitte zwischen der französischen und englischen Weise, der Geist der Erfindung
aber und der geschilderte gesellige Ton ist eigenthümlich
deutsch. Alles ist sogar örtlich bestimmt, und die Anspielungen auf merkwürdige Zeitumstände nach dem siebenjährigen Kriege trugen nicht wenig zu dem außerordentlichen Glücke bey, welches dieß Schauspiel damals machte.
Der ernsthafte Theil ist nicht frey von witzelnder Ziererey im
Ausdruck des Gefühls, und das Verhältniß der beyden Liebenden ist bis zur Peinlichkeit auf die Spitze gestellt. Die
komischen Nebenfiguren aber sind mit drolliger Laune
gezeichnet, und haben ein ächtdeutsches Gepräge.«

> (Schlegel: Vorlesungen über dramatische Kunst
> und Literatur, hrsg. von G. Amoretti. Bd. 2.
> Bonn 1923. S. 290 f.)

Nicht zuletzt von der Weise, wie Lessing Ernstes und Komisches im Lustspiel miteinander verflicht, fühlt sich Franz
G r i l l p a r z e r (1791–1872), der dies selbst in seinem
Lustspiel »Weh dem, der lügt« versucht hat, angesprochen,
wenn er 1822 in sein Tagebuch (Nr. 1142) notiert:

»Gelesen: Minna von Barnhelm, zum zweiten Mal. Was
für ein vortreffliches Stück! offenbar das beste deutsche
Lustspiel. Lustspiel? Nu ja, Lustspiel; warum nicht? So ächt
deutsch in allen seinen Charakteren, und gerade darin einzig in der deutschen Literatur. Da ist kein französischer
Windbeutel von Bedienten, der Vertraute seines Herrn;
sondern der derbe, grobe, deutsche Just. Der Wirth freilich
ganz im allgemeinen Wirthscharakter; aber dagegen wieder

Franziska! Wie redselig und schnippisch und doch so seelengut und wacker und bescheiden. Kein Zug vom französischen Kammermädchen, dem doch die deutschen im Leben und auf dem Theater ihren Ursprung verdanken. Minna, von vorn herein herrlich. Wenn man diesen Charakter zergliedern wollte, so käme durchaus kein Bestandteil heraus, von dem man sich irgend Wirkung versprechen könnte, und doch, demungeachtet, oder wohl eben gerade darum, in seinem Ganzen so vortrefflich. Ganz aus einer Anschauung entstanden, ohne Begriff. Ihre Verstellung gegen das Ende zu möchte zwar etwas über ihren Charakter hinausgehen, aber in der Hitze der Ver- und besonders Entwicklung, und über der Nothwendigkeit zu *schließen*, ist ja selbst Molieren oft derlei Menschliches begegnet. Tellheim wohl am meisten aus einem Begriff entstanden, aber begreiflich, weil er nach einem Begriff handelnd eingeführt wird – Der Wachtmeister herrlich, sein Verhältniß zu Franzisken, so wie der Schluß, göttlich! In der Behandlung des Ganzen vielleicht zu viele Spuren des Überdachten, Vorbereiteten, aber auch wieder so viel wahre glückliche Naturzüge! Die Sprache unübertrefflich! Deutsch: schlicht und ehrlich. Man sollte das Stück durchaus in einem Kostüm spielen, das sich dem der Zeit des siebenjährigen Krieges annäherte: nicht ganz dasselbe, um nicht lächerlich zu seyn, aber auch nicht ganz modern, denn die Gesinnungen des Stückes stechen zu sehr von den heutigen ab.«

(Grillparzers Werke, II. Abt., Bd. 8. Wien u. Leipzig 1916. S. 62 f.)

Der letzte Satz Grillparzers macht die Distanz deutlich, die zwischen dem großen Erfolg des Lustspiels zu seiner Zeit und der Betrachtung des 19. Jahrhunderts liegt. Die Distanz, aus der auch Thomas M a n n (1875–1955) in seiner Rede über Lessing (1929) spricht, hat dem Verständnis dieses Kunstwerks eher geholfen als geschadet. Erst aus dem zeitlichen Abstand wird die Vielfalt der Bezüge sichtbar, wird die Deutung der ›Wirklichkeit‹ möglich, die das Lustspiel darstellt:

»Gebilde wie ›Minna‹ und ›Nathan‹ tragen diesen Stempel des Neuen und Überraschenden, des Gewagten und erst Ermöglichten, welches nur auf Grund dieser Persönlichkeitsmischung von Klugheit und Naivität haltbar und siegreich werden konnte. Sie sind gedurft, weil sie gekonnt sind, nur darum. Wären sie es weniger, so sänken sie hin. Aber vor dieser musischen Nüchternheit, dieser reizenden Intelligenz, dieser herzlichen Verständigkeit, die die höchste Stufe des Liebenswürdigen erreicht, wird es zur fühllosen Schulmeisterei, die Frage, ob dies Dichterwerk sei, auch nur zu stellen.

So hat Otto Ludwig es empfunden, als er über ›Minna von Barnhelm‹ sagte: Angesichts solcher Kunst, ein einfaches Samenkorn von Stoff so anzuschwellen, daß man beständig interessiert werde, müsse die Sage, Lessing sei kein Dichter, in ihr Nichts zurücktreten. Und doch ist eben diese Kunst der Anschwellung und der Reizgewinnung, man weiß nicht wie, ein weiterer Echtheitszug des klassischen Typus, den wir beschreiben. [...]

Das Maskuline liegt seinem Gestaltungstalent ungleich besser als das Weibliche; er zeichnet es richtiger, tiefer und stärker. Man fand von jeher, daß Tellheim, in seiner schwierigen Ehrliebe und Melancholie, als Figur die Minna bei weitem überrage. Vor allem ist er männlicher, als sie weiblich ist. Das hängt aber damit zusammen, daß, wie schon der alte Mendelssohn feststellte, Lessing in den Charakteren am glücklichsten ist, ›die nah an den seinigen grenzen‹, wie es bei Tellheim, bei Odoardo und bei dem Tempelherrn der Fall ist, den man immer als eine der lebensvollsten Jünglingsgestalten des deutschen Theaters und des Theaters überhaupt angesprochen hat. Es war Friedrich Schlegel, der das durchgehende ›Lessingisieren‹ der Charaktere anmerkte. Wir nannten das ein Kennzeichen des Typus. Aber könnte man solchen lyrischen Subjektivismus nicht auch wieder gerade als etwas besonders und ausgemacht Dichterisches empfinden?

Da ist ferner typischerweise eine gewisse stolze Sparsamkeit der Produktion, das Gegenteil unintelligenter Fruchtbarkeit. Lessing hat ein Lustspiel hingestellt, *das* Lustspiel, als wollte er sagen: ›So macht man es. Nun sehet ihr zu.‹ Ehrgeiz und Würde seines Kritizismus erlaubten ihm nicht, hernach noch zehn schwächere zu schreiben, sondern neuen Einmaligkeiten wandte er sich zu.«

(Mann: Gesammelte Werke, Bd. 9 [Frankfurt a. M.:] S. Fischer 1960. S. 235–237)

Georg L u k á c s (geb. 1885):

»Das für eine Komödie notwendig gesetzte gute Ende ist
kein happy end, noch weniger eine Glorifizierung des friderizianischen Regimes: es ist das Aufklärungsmärchen vom
notwendigen Endsieg einer zur Anmut gewordenen Vernunft. [...] Hier, in der Mitte seines Lebens, in der Periode
seiner glücklich-angemessensten Lebensführung diese Form
eines real gewordenen, höchst irdischen, irdisch leuchtenden
Märchens!
Diese Weltanschauung verbindet Lessing mit Mozart.«

(Akzente 11, 1964. S. 188)

Franz M e h r i n g (1846–1919) in der »Lessing-Legende«:

»Namentlich die Komödie wurzelt ganz und gar in Lessings
Breslauer Leben. Aus ihm heraus wird sie überhaupt erst
verständlich. [...] So lehnt sich die Minna ästhetisch an ein
französisches Muster, während sie ihre ›Plagiate‹ vielfach
englischen Lustspielen entlehnt oder entlehnen soll. Gleichwohl ist die Minna ein durch und durch deutsches Stück.
Denn was kann deutscher sein, als daß die klassische Komödie unseres bürgerlichen Lebens ein – Soldatenstück ist?
Dieser Gesichtspunkt ist nach einem Worte Lessings nicht
bloß satirisch, sondern treffend. Er trifft das innerste Wesen der Minna. Nur darf man ihn sich von den bürgerlichen
Literarhistorikern nicht dahin verpopanzen lassen, daß die
Minna den König Friedrich oder den siebenjährigen Krieg
verherrlichen soll. Wir haben gesehen, daß Goethe in einer
schwachen Stunde auf diese wunderliche Vorstellung ver-
fallen ist [...] etwas ungleich Besseres als die Händel der
Sachsen und Preußen oder gar die Verherrlichung Friedrichs wußte er [Lessing] in seiner Minna denn doch zu finden. Zwang ihn die Erbärmlichkeit der deutschen Zustände,
ins soldatische Leben zu greifen, wenn er ernste Konflikte
ehrenhafter Charaktere schildern wollte, so wußte er diesem
Leben trotzdem die soziale Seite abzugewinnen und auch
hier den Kampf gegen soziale Unterdrückung aufzunehmen.
Lessings Lustspiel ist so wenig eine Verherrlichung Friedrichs, daß es seinen Despotismus vielmehr da geißelt, wo
er am sterblichsten war. [...]
Niemals aber hat der König die preußischen Offiziere raf-
finirter gequält als vor und nach dem Frieden von Huber-

tusburg, also gerade als Lessing in dem Heere lebte. [...] er legte der schon bis auf den letzten Groschen ausgepumpten Stadt Leipzig so ungeheuerliche Kontributionen auf, daß der mit ihrer Eintreibung beauftragte Major und Flügeladjutant v. Dyherrn sich zu ernsten Gegenvorstellungen verpflichtet fühlte und als diese nichts halfen, nur den Frieden abwartete, um dem Könige seinen Degen vor die Füße zu werfen. Als aber im Februar 1763 der Friede geschlossen war, verhängte der König ein anderes Gericht über das Heer. Er jagte alle Truppentheile auseinander, die er im Frieden nicht mehr brauchen konnte und er warf alle bürgerlichen Offiziere, wie sehr er gerade ihrem Muthe und ihrer Treue die Erhaltung seiner Krone verdankte, unbarmherzig aufs Pflaster, um an ihre Stelle ausländische Abenteurer von Adel zu setzen, mochte dieser Adel auch so zweifelhaft sein, wie der Adel – Riccauts de la Marliniere.

Mitten in diesen Verhältnissen lebte Lessing und aus ihnen heraus schrieb er seine Minna von Barnhelm. [...] Wenn Lessing durch das Elend der deutschen Zustände dazu verdammt war, seine bürgerliche Komödie als Soldatenstück zu schreiben, so hat er doch nicht irgend einen sagenhaften ›Tell‹ verherrlicht, sondern jenen gar nicht militärischen, sondern sehr bürgerlichen Geist, der auch dem fürstlichen Despotismus in die Zähne hinein unbeugsam an seinem Rechtsbewußtsein festhält. [...]

Die Fabel der Minna ist nämlich nichts Anderes, als eine schneidende Satire auf das friderizianische Regiment.«

(S. 317–322)

Alfred Kerr (1867–1948) in einer Rezension 1914:

»Dieses Stück wäre vom Standpunkt eines heutigen Kritikers spielend zu verreißen. Erstens: es endet mit zwei Verlobungen. Zweitens: der Held platzt vor Edelmut. Drittens: die erlösende Nachricht trifft just im erwünschten Augenblick ein. [...] Viertens: ein Hotelzufall führte die Liebenden zusammen. Fünftens: es ist ein Ränkespiel mit Kniffen; sie stellt sich enterbt und dergleichen. Sechstens: eine spitzfindige Ringverwechslung nimmt breitesten Raum ein. Siebentens: papierene Buchsprache. Also das Stück wäre zu mißbilligen. Der Kritiker könnte noch beifügen: es enthält eine gewisse nördliche Wärme. Bei allem Edelmut spitz und

Szenenfoto der Inszenierung von Lessings »Minna von Barnhelm« 1969 im Hamburger Thalia-Theater
(Foto: Rosemarie Clausen)

bewußt. Die Rüpel besser gelungen als die Herrschaften. Der Just vor allem; ein struppiges ›Vieh‹; ein Original . . .
[. . .]
Natürlich ist so eine unhistorische Betrachtung scherzhaft. Aber wenn wir ehrlich sein wollen: so empfinden wir den größten Teil dieser Dinge doch in Wahrheit beim Anhören des Stückes.
[. . .] Wir sehen [. . .] etwas oft magisterhaft Abgezirkeltes, Frostiges und nicht Kurzweiliges. Wir wollen ja nicht Phrasen hersetzen. All diese gründlich gedrechselte Rede (was also in Lessings erörternden Schriften so prachtvoll ist) wirkt im Drama befremdend. Sein zeitliches Teil. Wenn aber Mozart heut lebte, sagt Schumann, er schriebe nicht Mozartsche Konzerte, sondern Chopinsche.«

(Kerr: Gesammelte Schriften, 1. Reihe: Die Welt im Drama, Bd. 3. Berlin 1917. S. 351 f.)

VI. Texte zur Diskussion

1. Poetik und Theorie der Komödie

Aristoteles (384–322 v. Chr.):

»Die Komödie ist, wie wir gesagt haben, die Nachahmung
von Gemeinerem, aber nicht in bezug auf jede Art von
Schlechtigkeit, sondern nur des Lächerlichen, das ein Teil
des Häßlichen ist. Das Lächerliche ist nämlich ein Fehler
und eine Schande, aber eine solche, die nicht schmerzt und
nicht verletzt, so wie etwa eine lächerliche Maske häßlich
ist und verzerrt, aber ohne Schmerz.«

> (Aristoteles: Poetik. Übersetzung, Einleitung
> und Anmerkungen von Olof Gigon. Reclams
> UB Nr. 2337. S. 29, Kap. 5)

Martin Opitz (1597–1639):

»Die Comedie bestehet in schlechtem[1] wesen vnnd personen:
redet von hochzeiten / gastgeboten / spielen / betrug vnd
schalckheit der knechte / ruhmrätigen Landtsknechten /
buhlersachen / leichtfertigkeit der jugend / geitze des alters /
kupplerey vnd solchen sachen / die täglich vnter gemeinen[1]
Leuten vorlauffen.«

> (Opitz: Buch von der Deutschen Poeterey,
> 1624, hrsg. von Cornelius Sommer. Stuttgart
> 1970. Reclams UB Nr. 8397/98. S. 27, Kap. 5)

Johann Christoph Gottsched (1700–66):

»Die Comödie ist nichts anders, als eine Nachahmung einer
lasterhafften Handlung, die durch ihr lächerliches Wesen den
Zuschauer belustigen, aber auch zugleich erbauen kan. So
hat sie Aristoteles beschrieben, und zugleich erkläret, was er
durch das lächerliche verstünde. Er sagt aber sehr wohl, daß
es was ungestaltes oder ungereimtes sey, so doch demjenigen,
der es an sich hat, keinen Schmertz verursachet [...]. Es ist
also wohl zu mercken, daß weder das lasterhaffte noch das
lächerliche vor sich allein in die Comödie gehöre: sondern
beydes zusammen, wenn es in einer Handlung verbunden
angetroffen wird. [...]

1. schlicht, einfach.

Die Fabeln der Comödie werden also auf eben die Art gemacht, als die tragischen; und können eben sowohl in schlechte, einfache oder gemeine [...] und in verworrene, die eine Entdeckung oder doch einen Glücks-Wechsel haben, eingetheilt werden. [...] Dem ungeachtet haben doch alle ihren gewissen Knoten, der sich im Anfange der Comödie einwickelt, und hernach zuletzt geschickt und wahrscheinlich auflöset. Dieses ist nun die gantze Kunst.

Die Personen, so zur Comödie gehören, sind ordentliche Bürger, oder doch Leute von mäßigem Stande. Nicht als wenn die Grossen dieser Welt etwa keine Thorheiten zu begehen pflegten, die lächerlich wären. Nein, sondern weil es wieder die Ehrerbietung läuft, die man ihnen schuldig ist, sie als auslachenswürdig vorzustellen. [...] Plautus hat seinen Amphitryon eine Tragi-comödie genennt; weil er glaubte, daß königliche Personen allein vor die Tragödie gehöreten. Allein eine Tragi-comödie giebt einen so ungereimten Begriff, als wenn ich sagte, ein lustiges Klage-Lied.«

(Gottsched: Versuch einer Critischen Dichtkunst. Leipzig 1730. S. 594–597)

Johann Elias S c h l e g e l (1719–49):

»So vielerlei Arten von sittlichen Handlungen es gibt, welche eine Reihe von Absichten, Mitteln und Folgen in sich enthalten, und so vielerlei die Personen sind, von denen solche Handlungen vorgenommen werden; so vielerlei Arten theatralischer Stücke gibt es. Wenn ich also die Handlungen insoweit betrachte, als sie entweder das Lachen oder ernsthafte Leidenschaften erregen, und wenn ich die Personen, ihrem Stande nach, in hohe und niedrige einteile, so werde ich folgende Arten von Schauspielen herausbringen: Erstlich, Handlungen hoher Personen, welche die Leidenschaften erregen; zweitens, Handlungen hoher Personen, welche das Lachen erregen; drittens, Handlungen niedriger Personen, welche die Leidenschaften erwecken; viertens, Handlungen niedriger Personen, welche das Lachen erwecken; fünftens, Handlungen hoher oder niedriger oder vermischter Personen, welche teils die Leidenschaften, teils das Lachen erregen. Die erste Art von diesen Handlungen ist der Grund zu denjenigen Schauspielen, die man Tragödien nennt, und

aus den andern insgesamt entstehen Komödien, worunter auch die Schäferspiele gehören. [...]
Nichts ist geschickter, die Zuschauer in der Aufmerksamkeit zu erhalten, nichts tut hierinnen eine so ungemeine Wirkung, als wenn man in die Handlung eine Person von einem solchen Charakter einflicht, daß der Zuschauer sie liebgewinnt, daß er für sie leidet und wünschet. [...] Denn nie kann man zuverlässiger von der Aufmerksamkeit des Zuschauers versichert sein, als wenn sein Herz an der Handlung Anteil nimmt.«

(Gedanken zur Aufnahme des dänischen Theaters, in: Schlegel: Canut. Ein Trauerspiel. Hrsg. von Horst Steinmetz. Reclams UB Nr. 8766/67. S. 90 u. 96)

Johann Georg S u l z e r (1720–79):

»Wenn man weder auf die ursprüngliche Beschaffenheit der griechischen Komödie, noch auf irgend eine besondere Form der gegenwärtigen sieht, sondern den Begriff derselben so allgemein macht, als er seyn kann, ohne aus seiner besondern Gattung zu treten; so kann man sagen: die Komödie sey die Vorstellung einer Handlung, die, sowol durch die dabey vorkommenden Vorfälle, als durch die Charaktere, Sitten und das Betragen der dabey interessirten Personen, die Zuschauer auf eine belustigende und lehrreiche Weise unterhält. [...]
Jede auf der Schaubühne vorgestellte Handlung, die Personen von Verstand und Geschmack angenehm unterhält, ohne sie in starke, ernsthafte Leidenschaften zu setzen, und das Gemüth durch heftige Empfindungen hinzureissen, ist eine gute Komödie. Je feiner und geistreicher aber, und je lehrreicher zugleich dieses geschieht, desto größer ist der Werth derselben für den Zuschauer von feinem Geschmack. [...]
Die Grundregel also, die der komische Dichter beständig vor Augen haben muß, ist nicht die, nach welcher Aristophanes sich allein scheinet gerichtet zu haben: Spotte und erwecke Verachtung und Gelächter; sondern diese: Male Sitten und zeichne Charaktere, die für denkende und empfindende Menschen interessant sind.«

(Sulzer: Theorie der Dichtkunst. Zum Gebrauch der Studirenden bearbeitet von A. Kirchmayer. 2. Theil. München 1789. S. 190 f. u. 193)

Gotthold Ephraim L e s s i n g (1729–81)

»Die Komödie will durch Lachen bessern; aber nicht eben
durch Verlachen; nicht gerade diejenigen Unarten, über die
sie zu lachen macht, noch weniger bloß und allein die, an
welchen sich diese lächerlichen Unarten finden. Ihr wahrer
allgemeiner Nutzen liegt in dem Lachen selbst; in der
Übung unserer Fähigkeit, das Lächerliche zu bemerken; es
unter allen Bemäntelungen der Leidenschaft und der Mode,
es in allen Vermischungen mit noch schlimmern oder mit
guten Eigenschaften, sogar in den Runzeln des feierlichen
Ernstes, leicht und geschwind zu bemerken. Zugegeben, daß
der ›Geizige‹ des Molière nie einen Geizigen, der ›Spieler‹
des Regnard nie einen Spieler gebessert habe; eingeräumt,
daß das Lachen diese Toren gar nicht bessern könne: desto
schlimmer für sie, aber nicht für die Komödie. Ihr ist genug,
wenn sie keine verzweifelte Krankheiten heilen kann, die
Gesunden in ihrer Gesundheit zu befestigen. Auch dem
Freigebigen ist der Geizige lehrreich; auch dem, der gar
nicht spielt, ist der Spieler unterrichtend; die Torheiten, die
sie nicht haben, haben andere, mit welchen sie leben müssen; es ist ersprießlich, diejenigen zu kennen, mit welchen
man in Kollision kommen kann; ersprießlich, sich wider
alle Eindrücke des Beispiels zu verwahren. Ein Präservativ
ist auch eine schätzbare Arzenei; und die ganze Moral hat
kein kräftigers, wirksamers, als das Lächerliche.«

                          (Hamburgische Dramaturgie, 29. Stück. Werke,
                          Bd. 5. S. 133 f.)

»Der Vorteil, den die einheimischen Sitten in der Komödie
haben, beruhet auf der innigen Bekanntschaft, in der wir
mit ihnen stehen. Der Dichter braucht sie uns nicht erst
bekannt zu machen; er ist aller hierzu nötigen Beschrei-
bungen und Winke überhoben; er kann seine Personen sogleich nach ihren Sitten handeln lassen, ohne uns diese Sitten selbst erst langweilig zu schildern. Einheimische Sitten
also erleichtern ihm die Arbeit, und befördern bei dem
Zuschauer die Illusion.«

                          (Hamburgische Dramaturgie, 97. Stück. Werke,
                          Bd. 5. S. 392)

»Ich weiß überhaupt nicht, woher so viele komische Dichter die Regel genommen haben, daß der Böse notwendig

am Ende des Stücks entweder bestraft werden oder sich bessern müsse. In der Tragödie möchte diese Regel noch eher gelten; sie kann uns da mit dem Schicksale versöhnen und Murren in Mitleid kehren. Aber in der Komödie, denke ich, hilft sie nicht allein nichts, sondern sie verdirbt vielmehr vieles. Wenigstens macht sie immer den Ausgang schielend und kalt und einförmig. Wenn die verschiednen Charaktere, welche ich in eine Handlung verbinde, nur diese Handlung zu Ende bringen, warum sollen sie nicht bleiben, wie sie waren? Aber freilich muß die Handlung sodann in etwas mehr, als in einer bloßen Kollision der Charaktere bestehen.«

(Hamburgische Dramaturgie, 99. Stück. Werke,
Bd. 5. S. 399 f.)

»Ich nenne das schönste Lustspiel nicht dasjenige, welches am wahrscheinlichsten und regelmäßigsten ist, nicht das, welches die sinnreichsten Gedanken, die artigsten Einfälle, die angenehmsten Scherze, die künstlichsten Verwicklungen und die natürlichsten Auflösungen hat: sondern das schönste Lustspiel nenne ich dasjenige, welches seiner Absicht am nächsten kömmt, zumal wenn es die angeführten Schönheiten größtenteils auch besitzt. Was ist aber die Absicht des Lustspiels? Die Sitten der Zuschauer zu bilden und zu bessern. Die Mittel, die sie dazu anwendet, sind, daß sie das Laster verhaßt und die Tugend liebenswürdig vorstellet.«

(Kritik über die »Gefangnen« des Plautus.
Werke, Bd. 13. S. 159)

»Tragikomödie hieß die Vorstellung einer wichtigen Handlung unter vornehmen Personen, die einen vergnügten Ausgang hat [...]. Plautus braucht zwar das Wort Tragicocomoedia: aber er braucht es bloß im Scherze; und gar nicht, um eine besondere Gattung damit zu bezeichnen. Auch hat es ihm in diesem Verstande kein Mensch abgeborgt, bis es in dem sechzehnten Jahrhunderte den spanischen und italienischen Dichtern einfiel, gewisse von ihren dramatischen Mißgeburten so zu nennen.«

(Hamburgische Dramaturgie, 55. Stück. Werke,
Bd. 5. S. 239 f.)

»Ist es wahr, daß uns die Natur selbst, in dieser Vermengung des Gemeinen und Erhabnen, des Possierlichen und

Ernsthaften, des Lustigen und Traurigen, zum Muster
dienet? [. . .]
Wenn in dieser Vergleichung des großen und kleinen,
des ursprünglichen und nachgebildeten heroischen Possenspiels [. . .] die satirische Laune nicht zu sehr vorstäche:
so würde man sie für die beste Schutzschrift des komisch-
tragischen, oder tragisch-komischen Drama (Mischspiel
habe ich es einmal auf irgend einem Titel genannt gefunden), für die geflissentlichste Ausführung des Gedankens
beim Lope halten dürfen. Aber zugleich würde sie auch
die Widerlegung desselben sein. Denn sie würde zeigen, daß
eben das Beispiel der Natur, welches die Verbindung des
feierlichen Ernstes mit der possenhaften Lustigkeit rechtfertigen soll, ebensogut jedes dramatische Ungeheuer, das
weder Plan, noch Verbindung, noch Menschenverstand hat,
rechtfertigen könne. Die Nachahmung der Natur müßte
folglich entweder gar kein Grundsatz der Kunst sein; oder,
wenn sie es doch bliebe, würde durch ihn selbst die Kunst,
Kunst zu sein aufhören [. . .].
Nur wenn eben dieselbe Begebenheit in ihrem Fortgange
alle Schattierungen des Interesse annimmt, und eine nicht
bloß auf die andere folgt, sondern so notwendig aus der
andern entspringt; wenn der Ernst das Lachen, die Traurigkeit die Freude, oder umgekehrt, so unmittelbar erzeugt,
daß uns die Abstraktion des einen oder des andern unmöglich fällt: nur alsdenn verlangen wir sie auch in der Kunst
nicht, und die Kunst weiß aus dieser Unmöglichkeit selbst
Vorteil zu ziehen.«

(Hamburgische Dramaturgie, 69. und 70. Stück.
Werke, Bd. 5. S. 291–296)

»Z. E.[2] Diderot behauptete, daß es in der menschlichen Natur aufs höchste nur ein Dutzend wirklich komische Charaktere gäbe, die großer Züge fähig wären; und daß die
kleinen Verschiedenheiten unter den menschlichen Charakteren nicht so glücklich bearbeitet werden könnten, als die
reinen unvermischten Charaktere. Er schlug daher vor,
nicht mehr die Charaktere, sondern die Stände auf die
Bühne zu bringen; und wollte die Bearbeitung dieser zu
dem besondern Geschäfte der ernsthaften Komödie machen.
›Bisher‹, sagt er, ›ist in der Komödie der Charakter das

2. Zum Exempel.

Hauptwerk gewesen; und der Stand war nur etwas Zufälliges: nun aber muß der Stand das Hauptwerk, und der Charakter das Zufällige werden. Aus dem Charakter zog man die ganze Intrige: man suchte durchgängig die Umstände, in welchen er sich am besten äußert, und verband diese Umstände untereinander. Künftig muß der Stand, müssen die Pflichten, die Vorteile, die Unbequemlichkeiten desselben zur Grundlage des Werks dienen. Diese Quelle scheint mir weit ergiebiger, von weit größerm Umfange, von weit größerm Nutzen, als die Quelle der Charaktere. War der Charakter nur ein wenig übertrieben, so konnte der Zuschauer zu sich selbst sagen: das bin ich nicht. Das aber kann er unmöglich leugnen, daß der Stand, den man spielt, sein Stand ist; seine Pflichten kann er unmöglich verkennen. Er muß das, was er hört, notwendig auf sich anwenden.‹ [...]

Die Personen seiner Stände würden nie etwas anders tun, als was sie nach Pflicht und Gewissen tun müßten; sie würden handeln, völlig wie es im Buche steht. Erwarten wir das in der Komödie? [...]

›Die komische Gattung‹, sagt Diderot, ›hat Arten, und die tragische hat Individua. [...]‹ [...]

Das ist unwidersprechlich, daß Aristoteles schlechterdings keinen Unterschied zwischen den Personen der Tragödie und Komödie, in Ansehung ihrer Allgemeinheit, macht. Die einen sowohl als die andern [...] sollen sprechen und handeln, nicht wie es ihnen einzig und allein zukommen könnte, sondern so wie ein jeder von ihrer Beschaffenheit in den nämlichen Umständen sprechen oder handeln würde und müßte.«

(Hamburgische Dramaturgie, 86.–89. Stück.
Werke, Bd. 5. S. 354–366)

Denis D i d e r o t (1713–84) legte seine dramatischen Theorien in den beiden Abhandlungen »Dorval et moi« (eine Untersuchung seines Stücks »Le fils naturel«) und »Essai de la poésie dramatique« dar. Seine Dramen »Le fils naturel« (Der natürliche Sohn, 1757) und »Le père de famille« (Der Hausvater, 1758), die Lessing 1760 ins Deutsche übersetzte, entsprechen ganz den Forderungen seiner Theorie. Innerhalb der Gattung des Dramas unterscheidet er verschiedene ›Genres‹ (Le burlesque, comique, sérieux,

tragique, merveilleux); Der »Fils naturel« war als Drama
im ›genre sérieux‹ konzipiert, das zwischen Komödie und
Tragödie steht. Das ›genre sérieux‹ schildert Pflichten und
Tugenden von Figuren, die je einen ganz bestimmten Stand
vertreten. Sein Grundton ist die Rührung. Lessing trat für
die ›ernsthafte Komödie‹ und den von Diderot eingeschla-
genen Weg ein, weil er glaubte, daß dessen Gedanken die
Komödie zur Natur und zur Wahrheit zurückführen könnten. Aus dem Umkreis der komödientheoretischen Erörterungen Lessings, seiner Vorgänger und Zeitgenossen, er-
wächst ›Minna von Barnhelm« als Beispiel der ›neuen
Komödie‹. Zu diesen Erörterungen gehört auch die Auseinandersetzung Lessings mit der ›comédie larmoyante‹, des
weinerlichen oder rührenden Lustspiels, einer Gattungsbe-
zeichnung, die – neben ›ernste Komödie‹ und ›Tragikomödie‹ – von den Literaturhistorikern gerne auf »Minna von
Barnhelm« angewendet wird.
Pierre-Mathieu-Martin de C h a s s i r o n (1704–67) schrieb
1749 eine Abhandlung gegen die ›comédie larmoyante‹ unter
dem Titel »Réflexions sur le Comique-larmoyant«, als End-
punkt der Auseinandersetzung mit diesem Komödientyp
kann die 1751 erschienene Schrift »Pro comoedia commo-
vente« (Abhandlung für das rührende Lustspiel) Christian
Fürchtegott G e l l e r t s (1715–69) gelten. Beide Abhandlungen erschienen 1754 in der deutschen Übersetzung Lessings, der aus den beiden konträren Theorien für seine eigenen Überlegungen eine Synthese versucht, die sich in der
»Minna von Barnhelm« praktisch bewährt.

Chassiron

»Nach den verschiednen Rührungen des Herzens entweder
lachen oder weinen, sind, ohne Zweifel, natürliche Empfindungen: allein, in ebendemselben Augenblicke lachen und
weinen und jenes in der einen Szene fortsetzen, wenn man
in der andern dieses tun soll, das ist ganz und gar nicht nach
der Natur. [...]
Nach den Grundsätzen ist die Komödie bestimmt, uns mehr
Laster und Ungereimtheiten, die wir vermeiden, als Tugenden, die wir nachahmen sollen, vorzustellen; und nach den
Beispielen kömmt es den Nebenpersonen zu, die Maximen
der Weisheit anzubringen. So hat Molière dem Freunde des
Misanthropens, dem Schwager des Orgons, dem Bruder des

Sganarelle etc. die Sorge aufgetragen, uns die Grundsätze der Tugenden vorzulegen, die er zu dem Gegenstande unsrer Nachahmung machen wollte; seine Originale aber hat er mit allen Zügen der Satire, des Tadels und des Lächerlichen überhäuft, von welchen er glaubte, daß sie sowohl zu unserm Ergötzen als zu unserm Unterrichte dienen könnten.

Aus dem, was ich jetzt gesagt, folgt unwidersprechlich, daß das Original einer wahren Komödie keine gänzlich tugendhafte Person sein könne, wie es die Originale der neuen Gattung sind [...].

[...] ihr vornehmster Fehler ist dieser, daß sie die Grenzen gar aufhebt, welche von jeher das Tragische von dem Komischen getrennt haben, und uns jene ungeheure Gattung des Tragikomischen zurückbringet, welche man mit so vielem Grunde [...] verworfen hat. [...]

Man betriege sich hier nur nicht: wir haben zwei sehr unterschiedne Gattungen [gemeint sind Tragödie und Komödie]; die eine ist die nützliche und die andre die angenehme: weit gefehlt also, daß das Weinerlich-Komische eine dritte ausmache; sie schmelzt vielmehr beide Gattungen in eine einzige und machet uns ärmer, indem sie uns reicher zu machen scheinet. [...]

Wann diese Betrachtungen wahr sind, so ist es leicht, das Schicksal des Weinerlich-Komischen vorherzusagen. Die Mode hat es eingeführt, und mit der Mode wird es vergehen und in das Land des Tragikomischen verwiesen werden, aus welchem es gekommen ist.«

(Betrachtungen über das Weinerlich-Komische, übersetzt von G. E. Lessing. In: Christian Fürchtegott Gellert: Die zärtlichen Schwestern. Hrsg. von Horst Steinmetz. Reclams UB Nr. 8973/74. S. 98–115)

Gellert

»Man hat zu unsern Zeiten, besonders in Frankreich, eine Art von Lustspielen versucht, welche nicht allein die Gemüter der Zuschauer zu ergötzen, sondern auch so zu rühren und so anzutreiben vermögend wäre, daß sie ihnen sogar Tränen auspresse. Man hat dergleichen Komödie, zum Scherz und zur Verspottung, in der französischen Sprache *comédie larmoyante*, das ist die *weinerliche*, genennt, und von nicht wenigen pflegt sie als eine abgeschmackte Nach-

äffung des Trauerspiels getadelt zu werden. Ich bin zwar
nicht willens, alle und jede Stücke, welche in diese Klasse
können gebracht werden, zu verteidigen; sondern ich will
bloß die Art der Einrichtung selbst retten und womöglich
erweisen, daß die Komödie, mit allem Ruhme, heftiger bewegen könne. [...]

[...] die Komödie hat ihre ernsthaften Stellen und muß
sie haben, damit selbst das Lächerliche durch das beständige
Anhalten nicht geschwächt werde. Denn was ohne Unter-
laß artig ist, das rührt entweder nicht genug oder ermüdet
das Gemüt, indem es dasselbe allzusehr rührt. [...]

Es sei also immer die sinnreiche Verspottung der Laster und
Ungereimtheiten die vornehmste Verrichtung der Komödie,
damit eine mit Nutzen verbundene Fröhlichkeit die Gemüter der Zuschauer einnehme; nur merke man auch zugleich,
daß es eine doppelte Gattung des Lächerlichen gibt. Die eine
ist die stammhafte und, so zu reden, am meisten handgreif-
liche, weil sie in ein lautes Gelächter ausbricht; die andere
ist feiner und bescheidener, weil sie zwar ebenfalls Beifall
und Vergnügen erweckt, immer aber nur einen solchen Beifall und ein solches Vergnügen, welches nicht so stark ausbricht, sondern gleichsam in dem Innersten des Herzens ver-
schlossen bleibt. Wann nun die ausgelassene und heftige
Freude, welche aus der ersten Gattung entspringt, nicht
leicht eine ernsthaftere Gemütsbewegung verstattet; so
glaube ich doch, daß jene gesetztere Freude sie verstatten
werde. Und wenn ferner die Freude nicht das einzige Vergnügen ist, welches bei den Nachahmungen des gemeinen
Lebens empfunden werden kann; so sage man mir doch,
worinne dasjenige Lustspiel zu tadeln sei, welches sich einen
solchen Inhalt erwählet, durch welchen es, außer der Freude,
auch eine Art von Gemütsbewegung hervorbringen kann,
welche zwar den Schein der Traurigkeit hat, an und für
sich selbst aber ungemein süße ist. Da nun aber dieses alsdann sehr leicht geschehen kann, wenn man die Komödie
nicht nur die Laster, sondern auch die Tugenden schildern
läßt; so sehe ich nicht, warum es ihr nicht vergönnt sein
sollte, mit den tadelhaften Personen auch gute und liebens-
würdige zu verbinden [...].

Damit ich aber die Sache der rührenden Komödie, wo nicht
glücklich, doch sorgfältig führen möge, so muß ich einer

doppelten Anklage entgegengehen; deren eine dahinaus läuft, *daß auf diese Weise der Unterschied, welcher zwischen einer Tragödie und Komödie sein müsse, aufgehoben werde*; und deren andre darauf ankömmt, *daß diejenige Komödie sich selbst zuwider wäre, welche die Affekten sorgfältig erregen wolle.*

Was den ersten Grund anbelangt, so scheint es mir gar nicht, daß man zu befürchten habe, die Grenzen beider Gattungen möchten vermengt werden. Die Komödie kann ganz wohl zu rühren fähig sein und gleichwohl von der Tragödie noch weit entfernt bleiben, indem sie weder ebendieselben Leidenschaften rege noch auch ebenderselben Absicht und durch ebendieselben Mittel als die Tragödie zu tun pflegt. [...]

Ich komme nunmehr auf den zweiten Einwurf. Rührende Komödien, sagt man, widersprechen sich selbst; denn eben deswegen, weil sie rühren wollen, können entweder die Laster und Ungereimtheiten der Menschen darinne nicht zugleich belacht werden, oder wenn beides geschieht, so sind es weder Komödien noch Tragödien, sondern ein drittes, welches zwischen beiden inneliegt [...]. Dieser ganze Tadel kann, glaube ich, sehr leicht durch diejenigen Beispiele nichtig gemacht werden, welche unter den dramatischen Dichtern der Franzosen sehr häufig sind. [...] Doch wenn wir auch ganz und gar kein Exempel für uns anführen könnten, so erhellet wenigstens aus der verschiednen Natur derjenigen Personen, welche der Dichter auf die Bühne bringt, daß sich die Sache ganz wohl tun lasse. Denn da, wie wir oben gezeugt haben, den bösen Sitten ganz füglich gute entgegengesetzt werden können, damit durch die Annehmlichkeit der letztern die Häßlichkeit der erstern sich desto mehr ausnehme; und da diese rechtschaffnen und edeln Gemütsarten, wenn sie sich hinlänglich äußern sollen, in schwere und eine Zeitlang minder glückliche Zufälle, bei welchen sie ihre Kräfte zeugen können, verwickelt sein müssen: so darf man nur diese mit dem Stoffe der Fabel gehörig verbinden und kunstmäßig einflechten, wenn diejenige Komödie, die sich am meisten mit Verspottung der Laster beschäftiget, nichtsdestoweniger die Gemüter der Zuhörer durch ernsthaftere Rührungen vergnügen soll. Zwar ist allerdings eine große Behutsamkeit anzuwenden, daß dieses zur rechten Zeit und am gehörigen Orte und im rechten

Maße geschehe [...]. Vornehmlich hat er [der komische Dichter] dahin zu sehen, daß er nicht auf eine oder die andere lustige Szene sogleich eine ernsthafte folgen lasse, wodurch das Gemüt, welches sich durch das Lachen geruhig erholt hatte und nun auf einmal durch die volle Empfindung der Menschlichkeit dahingerissen wird, ebenden verdrüßlichen Schmerz empfindet, welchen das Auge fühlt, wenn es aus einem finstern Orte plötzlich gegen ein helles Licht gebracht wird. Noch viel weniger muß einer gesetzten Person alsdann, wenn sie die Gemüter der Zuschauer in Bewegung setzt, eine allzu lächerliche beigesellet werden; überhaupt aber muß man nichts von dieser Gattung anbringen, wenn man nicht die Gemüter genugsam dazu vorbereitet hat, und muß auch bei ebendenselben Affekten sich nicht allzu lange aufhalten. Wenn man also die rührenden Szenen auf den bequemen Ort versparet, welchen man alsdann, wann sich die Fabel am meisten verwirret, noch öfter aber, wenn sie sich aufwickelt, findet: so kann das Lustspiel nicht nur seiner satirischen Pflicht genugtun, sondern kann auch noch dabei das Gemüt in Bewegung setzen. [...]

Ohne Zweifel ist die Komödie zur Ergötzung erfunden worden, weil es aber keine kunstmäßige und anständige Ergötzung gibt, mit welcher nicht auch einiger Nutzen verbunden wäre, so läßt sich auch von der Komödie sagen, daß sie nützlich sein könne und müsse. Das erstere, die Ergötzung nemlich, wird teils durch den Inhalt der Fabel selbst, teils durch die neuen, abwechselnden und mit den Personen übereinstimmenden Charaktere erlangt. Und zwar durch den Inhalt; erstlich, wenn die Erwartung sowohl erregt als unterhalten wird; und hernach, wenn ihr auf eine ganz andere Art ein Genüge geschieht, als es anfangs das Ansehen hatte, wobei gleichwohl alle Regeln der Wahrscheinlichkeit genau beobachtet werden müssen. Dieses hat so gewiß seine Richtigkeit, daß weder eine wahre noch eine erdichtete Begebenheit, wann sie für sich selbst auch noch so wunderbar wäre, auf der Bühne einiges Vergnügen erwecken wird, wenn sie nicht zugleich auch wahrscheinlich ist. [...] Denn nicht nur deswegen gefällt die Komödie, weil sie andrer abgeschmackte und lächerliche Handlungen den Augen und Gemütern darstellet (denn dieses tut eine jede gute Satire), sondern auch weil sie eine einfache und für sich selbst angenehme Begebenheit so abhandelt, daß sie überall die Erwartung des Zuschauers unterhält und durch dieses Unterhalten Vergnügen und Beifall erwecket. [...] Wenn nun aber zu dem Ergötzen nicht notwendig eine lächerliche Handlung erfordert wird; wenn vielmehr eine jede Fabel, die der Wahrheit nachahmet und Dinge enthält, welche des Sehens und Hörens würdig sind, die Gemüter vergnügt: warum sollte man denn nicht auch dann und wann der Komödie einen ernsthaften, seiner Natur nach aber angenehmen Inhalt geben dürfen? [...]

Mit einem Worte, so wie wir bei den lächerlichen Personen der Bühne uns selbst freuen, weil wir ihnen nicht ähnlich scheinen; ebenso freuen wir uns über unsere eigne Vortrefflichkeit, wenn wir gute Gemütsarten betrachten [...]. Die Abschilderungen tadelhafter Personen zeigen uns bloß das Ungereimte, das Verkehrte und Schändliche; die Abschilderungen guter Personen aber zeigen uns das Gerechte, das Schöne und Löbliche. Jene schrecken von den Lastern ab; diese feuern zu der Tugend an und ermuntern die Zuschauer, ihr zu folgen. Und wie es nur etwas Geringes ist, wenn man dasjenige, was übel anstehet, kennet und sich vor demjenigen hüten lernet, was uns dem allgemeinen Tadel aussetzt; so ist es gegenteils etwas sehr Großes und Ersprießliches, wenn man das wahre Schöne erkennt und gleichsam in einem Bilde sieht, wie man selbst beschaffen sein solle. [...] Diejenigen wenigstens, welche Komödien schreiben wollen, werden nicht übel tun, wenn sie sich unter andern auch darauf befleißigen, daß ihre Stücke eine stärkere Empfindung der Menschlichkeit erregen, welche sogar mit Tränen, den Zeugen der Rührung, begleitet wird. [...] Dieses alles will ich nicht darum angeführt haben, als ob jene alte fröhliche Komödie aus ihrem rechtmäßigen Besitze zu vertreiben wäre (sie bleibe vielmehr ewig bei ihrem Ansehen und ihrer Würde!), sondern bloß darum, daß man diese neue Gattung in ihre Gesellschaft aufnehmen möge, welche, da die gemeinen Charaktere erschöpft sind, neue Charaktere und also einen reichern Stoff zu den Fabeln darbietet und zugleich die Art des Vortrags ändert.«

(Abhandlung für das rührende Lustspiel, übersetzt von G. E. Lessing. In: Gellert: Die zärtlichen Schwestern. Reclams UB Nr. 8973/74. S. 117–137)

Lessing

»Weder das Lustspiel noch das Trauerspiel ist davon [von
Neuerungen] verschont geblieben. Das erstere hat man um
einige Staffeln erhöhet und das andre um einige herab-
gesetzt. Dort glaubte man, daß die Welt lange genug in dem
Lustspiele gelacht und abgeschmackte Laster ausgezischt
habe; man kam also auf den Einfall, die Welt endlich einmal auch darinne weinen und an stillen Tugenden ein edles Vergnügen finden zu lassen. Hier hielt man es für unbillig, daß nur Regenten und hohe Standespersonen in uns
Schrecken und Mitleiden erwecken sollten; man suchte sich
also aus dem Mittelstande Helden, und schnallte ihnen den
tragischen Stiefel an, in dem man sie sonst, nur ihn lächerlich zu machen, gesehen hatte.
Die erste Veränderung brachte dasjenige hervor, was seine
Anhänger das *rührende Lustspiel*, und seine Widersacher
das *weinerliche* nennen.
Aus der zweiten Veränderung entstand das *bürgerliche
Trauerspiel*.
Jene ist von den *Franzosen* und diese von den *Engländern*
gemacht worden. [...]
Das *weinerliche Lustspiel* ist die Benennung derjenigen, welche wider diese neue Gattung eingenommen sind. [...] Ein
rührendes Lustspiel läßt uns an ein sehr schönes Werk denken, da ein *weinerliches*, ich weiß nicht was für ein kleines
Ungeheuer zu versprechen scheinet. [...]
Ich habe schon gesagt, daß man niemals diejenigen Stücke
getadelt habe, welche Lachen und Rührung verbinden; ich
kann mich dieserwegen unter andern darauf berufen, daß
man den Destouches niemals mit dem La Chaussée in eine
Klasse gesetzt hat, und daß die hartnäckigsten Feinde des
letztern niemals dem erstern den Ruhm eines vortrefflichen
komischen Dichters abgesprochen haben, soviel edle Charaktere und zärtliche Szenen in seinem Stücke auch vorkommen. Ja, ich getraue mir zu behaupten, daß nur dieses
allein wahre Komödien sind, welche sowohl Tugenden als
Laster, sowohl Anständigkeit als Ungereimtheit schildern,
weil sie eben durch diese Vermischung ihrem Originale, dem
menschlichen Leben, am nächsten kommen. Die Klugen und
Toren sind in der Welt untermengt, und ob es gleich gewiß
ist, daß die erstern von den letztern an der Zahl übertroffen

werden, so ist doch eine Gesellschaft von lauter Toren beinahe ebenso unwahrscheinlich, als eine Gesellschaft von lauter Klugen. Diese Erscheinung ahmet das Lustspiel nach, und nur durch die Nachahmung derselben ist es fähig, dem Volke nicht allein das, was es vermeiden muß, auch nicht allein das, was es beobachten muß, sondern beides zugleich in einem Lichte vorzustellen, in welchem das eine das andre erhebt. Man sieht leicht, daß man von diesem wahren und einigen Wege auf eine doppelte Art abweichen kann. Der einen Abweichung hat man schon längst den Namen des *Possenspiels* gegeben [gemeint ist die Verlachkomödie], dessen charakteristische Eigenschaft darinne besteht, daß es nichts als Laster und Ungereimtheiten, mit keinen andern als solchen Zügen schildert, welche zum Lachen bewegen, es mag dieses Lachen nun ein nützliches oder ein sinnloses Lachen sein. Edle Gesinnungen, ernsthafte Leidenschaften, Stellungen, wo sich die schöne Natur in ihrer Stärke zeigen kann, bleiben aus demselben ganz und gar weg; und wenn es außerdem auch noch so regelmäßig ist, so wird es doch in den Augen strenger Kunstrichter dadurch noch lange nicht zu einer Komödie. Worinne wird also die andre Abweichung bestehen? Ohnfehlbar darinne, wenn man nichts als Tugenden und anständige Sitten, mit keinen andern als solchen Zügen schildert, welche Bewunderung und Mitleid erwecken, beides mag nun einen Einfluß auf die Beßrung der Zuhörer haben können oder nicht. Lebhafte Satire, lächerliche Ausschweifungen, Stellungen, die den Narren in seiner Blöße zeigen, sind gänzlich aus einem solchen Stücke verbannt. Und wie wird man ein solches Stück nennen? Jedermann wird mir zurufen: das eben ist die weinerliche Komödie! Noch einmal also mit einem Worte: das *Possenspiel* will nur zum Lachen bewegen; das *weinerliche Lustspiel* will nur rühren, die wahre *Komödie* will beides.«

(Werke, Bd. 12. S. 117 f. u. 157 f.)

Hugo von Hofmannsthals (1874–1929) Lustspiel »Der Schwierige« (1921) ist aus einer vergleichbaren Situation entstanden wie »Minna von Barnhelm«, beide sind nach Kriegen geschrieben. Vergleichbar sind nicht nur Anlaß und Thematik – die Figur des ›entwurzelten Schwierigen‹ und seine Wiedereingliederung in die Gesellschaft –, sondern auch die Bedeutung der Kunstform des Lustspiels zur Darstellung vielfältiger, kontrastreicher, bedrückender Wirklichkeit. In diesem Zusammenhang verdient ein Gespräch zwischen Hofmannsthal und Carl J. Burckhardt Erwähnung, das letzterer so aufgezeichnet hat:

»Im Dezember 1918, kurz vor Weihnacht, als die Revolution von München und Budapest heranrückte, fragte mich Hofmannsthal einmal, in seinem Zimmer auf und ab gehend: ›Kennen Sie das Wort von Novalis: ‚Nach verlorenen Kriegen muß man Lustspiele schreiben‘? Das Lustspiel als die schwierigste aller literarischen Kunstformen, das alles in jener völligen Gleichgewichtslage aussprechen kann, das Schwerste, das Unheimlichste, in jener Gleichgewichtslage höchster versammelter Kraft, die immer den Eindruck spielender Leichtigkeit erweckt.‹«

(Burckhardt: Erinnerungen an Hofmannsthal
und Briefe des Dichters. München 1948. S. 29)

2. Materialien zum zeitgeschichtlichen Hintergrund

Die folgenden Dokumente sollen die Grenze zwischen Dichter und politischem Tagesschriftsteller näher bestimmen helfen und dem Vergleich mit der in »Minna von Barnhelm« dargestellten historischen Wirklichkeit dienen.

Lessing an Friedrich Nicolai am 25. August 1769:

»Was Ihnen Gleim von Wien gesagt hat, ist ganz ohne Grund [...]. Wien mag seyn wie es will, der deutschen Litteratur verspreche ich doch immer noch mehr Glück, als in Eurem französirten Berlin. [...] Lassen Sie es aber doch einmal einen in Berlin versuchen, über andere Dinge so frey zu schreiben, als Sonnenfels in Wien geschrieben hat; lassen Sie es ihn versuchen, dem vornehmen Hofpöbel so die Wahrheit zu sagen, als dieser sie ihm gesagt hat; lassen Sie einen in Berlin auftreten, der für die Rechte der Unterthanen, der gegen Aussaugung und Despotismus seine Stimme erheben wollte, wie es itzt sogar in Frankreich und Dänemark geschieht: und Sie werden bald die Erfahrung haben, welches Land bis auf den heutigen Tag das sklavischste Land von Europa ist. Ein jeder thut indeß gut,

den Ort, in welchem er seyn muß, sich als den besten ein-
zubilden; und der hingegen thut nicht gut, der ihm diese
Einbildung benehmen will.«

(Schriften, Bd. 17. S. 298)

Friedrich der Große (1712–86), »Von der Aufsicht und Zucht
der Officiere«:

»Weil seine Königliche Majestät ein nobles und respectables
Corps Officiere bei der Armee haben wollen, so müssen
1. sämmtliche Officiere zu einer sehr guten Conduite[3] angehalten werden, keine niederträchtige Streiche ausüben
und von dem Commandeur geduldet werden, als Schulden
machen und nicht bezahlen, sich dem Soffe ergeben und eine
schlechte Conduite führen, liederliche Häuser und Cafés
frequentiren und dergleichen mehr, so einem Officiere unge-
ziemend sind. Das Spielen wird den Officieren sowohl als
Unter-Officieren und Gemeinen auf das schärfste verboten;
und weil sich viele Officiere dadurch ruiniren und deran-
giren, so muß sehr darauf gesehen werden, daß solches nicht
geschehe.
2. Den Officieren muß nicht gestattet werden, mit gemeinen
Leuten und Bürgern umzugehen, sondern sie müssen ihren
Umgang immer mit höheren Officieren und ihren Came-
raden, so sich gut conduisiren und Ambition besitzen, haben.«

(Aus der Instruction für die Commandeurs
der Infanterie-Regimenter, 1763. In: Die
Werke Friedrichs des Großen in deutscher
Übersetzung. Bd. 6 Militärische Schriften,
hrsg. von Gustav Berthold Volz. Berlin 1913.
S. 275)

Friedrich der Große, »Die Freibattaillone«:

»Großen Nutzen kann die leichte Infanterie bieten, obwohl die, die wir uns beschaffen können, nicht so hervor-
ragend ist; denn hastig ausgehobene neue Truppen können
nicht viel leisten. [...] Jedenfalls aber muß man angreifen-
den Freibataillonen stets reguläre Infanterie nachfolgen lassen, die sie durch die Furcht vor ihren Bajonetten zu kräf-
tigem und nachdrücklichem Vorgehen anspornt.
[...] Indes dürft Ihr ihnen nie wichtige Stellungen oder
solche anvertrauen, die gehalten werden sollen; denn ihnen

3. Führung.

fehlt die Widerstandskraft. Überhaupt würde man sich sehr verrechnen, wenn man so unklug wäre, sie zu Dingen zu gebrauchen, auf die sie sich nicht verstehen.«

(Bd. 6. S. 178)

Friedrich der Große in einem Brief vom 18. November 1757 an den Herzog von Bevern, Oberbefehlshaber seiner Truppen in Schlesien, nach dem Verlust der Festung Schweidnitz:

»Ich habe Sie vor timide[4] Rathgeber und Conseils gewarnet; sagen Sie aber Kyau und Lestwitz von Meinetwegen gerade heraus, daß ihre Köpfe Mir insonderheit davor répondiren[5] und fliegen sollten, wenn sie weiter gleichsam wie alte Huren agiren würden, und dieses wird noch `mehreren anderen Generals arriviren[6], die dergleichen lâcheté[7] und Schwachheit bezeigen und ihr devoir[8] nicht wie redliche Leute thun werden.«

(Friedrich der Große von Kolin bis Roßbach
und Leuthen, nach den Cabinets-Ordres im
Königlichen Staats-Archiv hrsg. von der histo-
rischen Abtheilung des Königlich Preußischen
Generalstabes. Berlin 1858. S. 92)

Friedrich der Große, »Geschichte des Siebenjährigen Krieges«:

»Die gefangene sächsische Armee war 17 000 Mann stark. Die erbeutete Artillerie überstieg 80 Kanonen. Der König verteilte die sächsischen Truppen auf sein Heer und formierte aus ihnen 20 neue Infanteriebataillone. Aber er beging den Fehler, sie mit Ausnahme der Offiziere, die alle Preußen waren, nicht mit Landeskindern zu vermischen. Dadurch hatte er in der Folgezeit nur wenig Nutzen von ihnen, und sie leisteten schlechte Dienste. [...]
Preußen berechnete, daß der Krieg ihm 180 000 Mann hingerafft hatte. Seine Heere hatten in 16 Feldschlachten gefochten. Außerdem hatten die Feinde drei preußische Korps fast völlig vernichtet. [...] In der Provinz Preußen rech-

---

4. furchtsame.
5. bürgen.
6. widerfahren.
7. Feigheit.
8. Pflicht, Schuldigkeit.

nete man 20 000 Menschen, die durch Greueltaten und Verheerungen der Russen umgekommen waren, in Pommern 6000, in der Neumark 4000, in der Kurmark 3000. [...]
Wir wollen dies vielleicht schon zu lange und ausführliche Buch nur noch mit zwei Worten beschließen, um die Neugier der Nachwelt zu befriedigen, die ohne Zweifel wird wissen wollen, wie ein so wenig mächtiger Fürst wie der König von Preußen sieben Jahre lang einen so verderblichen Krieg gegen die mächtigsten Monarchen Europas aushalten konnte. Wenn der zeitweilige Verlust so vieler Provinzen ihn in große Bedrängnis brachte und die hohen Ausgaben beständig vermehrt werden mußten, so blieben doch immer einige Hilfsquellen übrig. Der König zog aus den ihm verbliebenen Provinzen, die für die anderen eintreten mußten, 4 Millionen. Die Kriegskontributionen aus Sachsen beliefen sich auf 6 bis 7 Millionen. Aus den englischen Subsidien, die eigentlich nur 4 Millionen betrugen, wurden 8 Millionen geprägt. Die Verpachtung der Münze unter Verminderung der Geldsorten auf den halben Wert erbrachte 7 Millionen. Außerdem wurde die Bezahlung der Zivilgehälter suspendiert, um alle Gelder für den Krieg zu verwenden. Diese verschiedenen Summen ergaben jährlich insgesamt 25 Millionen Taler in schlechter Münze. Das genügte mit guter Wirtschaft zur Besoldung und zum Unterhalt der Armee und für außerordentliche Ausgaben, die bei jedem Feldzug wiederkehrten.«

> (Die Werke Friedrichs des Großen in deutscher Übersetzung. Bd. 3 u. 4 Geschichte des Siebenjährigen Krieges. Berlin 1913. Bd. 3, S. 55 u. Bd. 4, S. 181–184)

Aus zwei Briefen Ewald von K l e i s t s an Johann Ludwig Gleim:

Zittau, den 9. November 1756

Wir halten hier, wie in ganz Sachsen, die strengste Mannszucht. Es darf kein Soldat eine Stecknadel nehmen. Unsere Leute haben in den Winterquartieren nicht einmal frey Essen, sondern müssen alles bezahlen.

Leipzig, den 29. Juni 1757

Ich hoffe, daß ich nun in diesem Kriege nicht ewig einen bloßen Zuschauer abgeben werde, sondern daß unser Regiment bald weiter marschiren, und noch genug gebraucht werden wird. Wenigstens marschiren wir, wenn die Leipziger die 900,000 Thaler bezahlt haben. Die verdammten Wucherer, daß sie sie nicht schon längst bezahlt haben!

> (Ewald Christian von Kleist's sämmtliche Werke nebst des Dichters Leben aus seinen Briefen an Gleim. Hrsg. von Wilhelm Körte. Berlin 1803. S. 78 u. 93)

Aus zwei Amtsbriefen Lessings, im Auftrag des Generalleutnants von Tauentzien verfaßt:

An Friedrich den Großen

Allerdurchlauchtigster, Großmächtigster König,
Allergnädigster König und Herr,

Ewr. Königlichen Majestät rapportire allerunterthänigst, daß die Eröffnung der Tranchée[9], nebst dem gestrigen Ausfalle, an Todten 3 Officiers, 82 Gemeine, an Blessirten 6 Officiers, 158 Gemeine, und an Gefangenen 4 Officiers und 216 Gemeine gekostet, von welchen letztern jedoch der größte Theil Desserteurs von Gablenz und Falkenhayn gewesen. Wie Leute versichern, welche der Feind heute morgen aus der Stadt gelassen, so ist auch der gegenseitige Verlust gestern beträchtlich gewesen, und unter andern ein General und verschiedne Officiers dabey blessiret worden. [...]

Der ich in tiefster Devotion ersterbe,

Ewr. Königlichen Majestät,

allerunterthänigster und gehorsamster

Teichenau den 9 August   Knecht,
      1762   B F Tauentzien

An den Minister Ernst Wilhelm Freiherrn von Schlabrendorff

Ewr. Excellenz habe anliegend die Ehre, in Abschrift zu communiciren[10], was Se. Königl. Majestät wegen der Trauscheine für die Beurlaubten der Regimenter [...] zu befehlen geruhet. [...]

Weil hiernächst Se. Königl. Majestät den Punkt wegen der Trauscheine auch anderwärts den Regimentern einzuschärfen geruhen: So kann ich Ewr. Excellenz nicht bergen,

---

9. Laufgraben.
10. mitzuteilen.

daß in dieser Sache eine Versäumniß von Seiten der Cammern vorgegangen. Denn das Zeither die Geistlichkeit das ausdrückliche Verboth gehabt, keine Beurlaubte, oder sonst den Regimentern verwandte Leute, ohne Trauschein zu copuliren: So hätte es ihr ohne Zweifel bekannt gemacht werden sollen, daß solches Verboth nach der neuen Einrichtung wegfalle. Da dieses aber unterblieben, und sich die Geistlichkeit hier und da an ihre alte Vorschrift gehalten, so bin ich einige mal selbst genöthiget worden, dem und jenem die Erlaubniß sich zu verheyrathen annoch schriftlich zu attestiren; und würde ich mich sehr zu beklagen haben, wenn Se. Königl. Majestät von einem dergleichen Falle unrichtig informiret, auf den Verdacht gerathen seyn sollten, als ob, ich weis nicht welche Plackereyen darunter versirten[11], und seine allerhöchste Intention in diesem Stücke aus den Augen gesetzt würde. [. . .]

Breslau den 6 März 1764   B F Tauentzien

(Schriften, Bd. 18. S. 424 u. 488 f.)

Johann Wilhelm Ludwig G l e i m (1719–1803):

Der ›Preußische Grenadier‹ sang »Bei Eröffnung des Feldzuges. 1756«

> Krieg ist mein Lied! weil alle Welt
> Krieg *will*, so *sey* es Krieg!
> Berlin sey Sparta! Preußens Held
> Gekrönt mit Ruhm und Sieg!
>
> [. . .]
>
> Dann singe *Gott* und *Friederich*,
> Nichts kleiner's, stolzes Lied!
> Dem Adler gleich erhebe dich,
> Der in die Sonne sieht!

(J. W. L. Gleim's sämmtliche Werke. Hrsg. von Wilhelm Körte. Bd. 4. Halberstadt 1811. S. 1 u. 3)

Ähnlich klingt es in dem »Schlachtgesang bei Eröffnung des Feldzuges 1757«

> Auf, Brüder, *Friedrich*, unser Held,
> Der Feind von fauler Frist,

11. verbreitet.

Ruft uns nun *wieder* in das Feld,
Wo Ruhm zu hohlen ist.

[. . .]

Und böth' uns in der achten Schlacht
Franzos' und Russe Trutz;
So lachten wir doch ihrer Macht:
Denn *Gott* ist unser Schuz.

(S. 13 f.)

»Siegeslied nach der Schlacht bei Roßbach. Den 5. November
1757«

Erschalle, hohes Siegeslied,
Erschalle weit umher!
Daß dich der Feind, wohin er flieht,
Vernehme hinter her!

Den, welcher unsern Untergang
In bösem Herzen trug,
Den schlage, muthiger Gesang,
Wie *Friederich* ihn schlug!

[. . .]

Wenn *Friedrich*, oder Gott durch ihn
Das große Werk vollbracht,
Gebändigt hat das stolze Wien,
Und Deutschland frei gemacht.

(S. 28 u. 43)

Im Januar 1758 schreibt Gleim an Ewald von Kleist:

»Daß dem Prinz Heinrichschen Hofe das Roßbachsche Siegeslied nicht gefällt, wundert mich nicht. Auch wird mich
nicht wundern, wenn manche andere an dieser Art Liedern
keinen Geschmack finden. Sie steht zwischen der hohen Ode
und dem gemeinen Liede zu sehr in der Mitte, als daß jedes
Urtheil den rechten Punkt treffen könnte. Deshalb auch
wird nöthig seyn, daß Herr Lessing dem unbestimmten Geschmack unserer Prinzen und Helden zurecht helfe.«

Lessing schrieb Gleim Worte der Bewunderung für den
›Grenadier‹, tadelte aber zugleich dessen übertriebenen Patriotismus:

»Versichern Sie dem Grenadier, daß ich ihn von Tag zu Tag mehr bewundere, und daß er alle meine Erwartung so zu übersteigen weiß, daß ich das Neueste, was er gemacht hat, immer für das Beste halten muß. Ein Bekenntniß, zu dem mir noch kein einziger Dichter Gelegenheit gegeben hat!
[...] Der Patriot überschreiet den Dichter zu sehr; zwar ist auch bei *mir* der Patriot nicht ganz erstickt, obgleich das Lob eines eifrigen Patrioten, nach meiner Denkungsart, das allerletzte ist, wornach ich geizen würde, des Patrioten nämlich, der mich vergessen lehrt, daß ich ein *Weltbürger* seyn solle.«

(Johann Wilhelm Ludewig Gleims Leben. Aus seinen Briefen und Schriften von Wilhelm Körte. Halberstadt 1811. S. 98 u. 101)

Ewald von K l e i s t (1715–59):

Ode an die preußische Armee

Im Merz 1757

Unüberwundnes Heer! mit dem Tod und Verderben
In Legionen Feinde dringt,
Um das der frohe Sieg die güldnen Flügel schwingt
O Heer! bereit zum Siegen oder Sterben.

Sieh! Feinde deren Last die Hügel fast versinken
Den Erdkreis beben macht,
Ziehn gegen dich und drohn mit Qvaal und ewger Nacht;
Das Wasser fehlt wo ihre Roße trinken.

Der dürre schiele Neid treibt niederträchtge Schaaren
Aus West und Süd heraus,
Und Nordens Höhlen speyn, so wie des Osts, Barbaren
Und Ungeheur, dich zu verschlingen, aus.

Verdopple deinen Muth! Der Feinde wilde Fluthen
Hemmt *Friedrich* und dein starker Arm;
Und die Gerechtigkeit verjagt den tollen Schwarm.
Sie blizt durch dich auf ihn, und seine Rücken bluten.

Die Nachwelt wird auf dich, als auf ein Muster sehen;
Die künfftgen Helden ehren dich,
Ziehn dich den Römern vor, dem Cäsar *Friederich*,
Und Böhmens Felsen sind dir ewige Tropheen.

Nur schone, wie bisher, im Lauf von grossen Thaten
Den Landmann, der dein Feind ist!
Hilf seiner Noth, wenn du von Noth entfernet bist!
Das Rauben überlaß den Feigen und Croaten!

Ich seh, ich sehe schon – freut euch, o Preußens Freunde! –
Die Tage deines Ruhms sich nahn.
In Ungewittern ziehn die Wilden stolz heran;
Doch *Friedrich* winket dir, wo sind sie nun, die Feinde?

Du eilest ihnen nach, und drückst in schweren Eisen
Den Tod tief ihren Schedeln ein,
Und kehrst voll Ruhm zurück, die Deinen zu erfreun,
Die jauchzend dich empfahn, und ihre Retter preisen.

Auch ich, ich werde noch, – vergönn es mir o Himmel! –
Einher vor wenig Helden ziehn.
Ich seh dich, stolzer Feind! den kleinen Haufen fliehn,
Und find Ehr oder Tod im rasenden Getümmel.

> (Kleist: Sämtliche Werke. Hrsg. von Jürgen
> Stenzel. Stuttgart 1971. Reclams UB Nr. 211
> bis 213)

Aus dem Jahre 1841 stammt ein unvollständiges Manu-
skript G r i l l p a r z e r s , welches das Verhältnis Lessings
zu Friedrich dem Großen beleuchtet:

Friedrich der Große und Lessing. Ein Gespräch im Elysium

F r i e d r i c h . Lessing, komm herab!
L e s s i n g . Seid Ihr es, Sire?
F r i e d r i c h . Ich ennuyiere mich und habe Lust zu plau-
dern.
L e s s i n g . Und wenn ich meines Teils nun keine Lust
dazu hätte?
F r i e d r i c h . Du mußt dich eben fügen. Denk, ich war
ein König.
L e s s i n g . Und ich ein deutscher Gelehrter. Ich füge mich.
[...]
F r i e d r i c h . Ihr Deutschen wart aber auch langweilige
Kerls damals. Der kryptogamische[12] Klopstock. Gellert

---

12. krypto-gam (griech., ›verborgen‹-›Ehe‹), von Linné geschaffenes
Kunstwort für die blütenlosen Pflanzen, die Sporenpflanzen, Pilze, Al-
gen und Moose, denen scheinbar die Geschlechtsorgane fehlen.

war noch der beste. Du selbst, Lessing, bist ein ausgezeichneter, aber kein großer Schriftsteller. [...] Du hast deine Kräfte zu sehr zerstreut, deine Gegenstände sind unbedeutend, aber in der Art wie du sie behandelt, kommt dir Niemand gleich. Aber flüchtig, flüchtig, immer was neues. Für einen Gelehrten warst du ein guter Dichter, aber für einen Dichter viel zu sehr Gelehrter. [...]
Das Verdienst der Minna von Barnhelm liegt in den Nebensachen, die Hauptsache will nicht viel bedeuten.

L e s s i n g. Die Hauptsache ist auch nicht von mir.

F r i e d r i c h. Von wem sonst?

L e s s i n g. Von Dir.

F r i e d r i c h. Ja so, weil der Tellheim kein Geld kriegen konnte? War notwendig damals, war notwendig. – Aber lassen wir die Anwesenden! – Also die deutsche Literatur war schlecht zu meiner Zeit. [...]
Erstens also leugne ich eure deutsche Literatur; in dem Sinne nämlich als es eine französische, italienische, englische, spanische gibt, die eure ist nur ein Resumé aller übrigen. Aus Nachahmung entsprungen und nicht aus Naturdrang; aus Büchern, nicht aus eigentümlicher Auffassung, hat sie sich sämtliche Literaturen angeeignet.

(Grillparzer: Sämtliche Werke. Hrsg. von August Sauer u. Reinhold Backmann. I. Abt., Bd. 13. Wien 1930. S. 134–136)

Theodor H e u s s (1884–1963) in der Skizze »Gotthold Ephraim Lessing« (1929):

»Es ist nicht bloß die Armut der deutschen Dichtung an wertvollen Lustspielen, die der Minna im Rahmen dieser Gattung dauernd einen hohen Rang zuweist, sondern die dem Stücke innewohnende Kraft, individuelle Erscheinungen in der Verwobenheit mit Zeit und Zeitenschicksal zu zeigen. [...]
Hinter dem Weltbild der Minna steht der König und sein Krieg, unsichtbar, aber doch spürbar; man mag in den schlichten Worten, die von ihm reden, etwas wie eine Huldigung finden, wenn man will. Aber man darf nicht auf die Idee kommen, das innere Verhältnis Lessings zu dem preußischen Staat und seinem Herrscher sehr positiv deuten zu wollen. Friedrich, der Aufklärer, wollte von dem selbständigsten und tapfersten Geist des Rationalismus, dem er

doch selber angehörte, nichts wissen und behandelte ihn ausgesprochen schlecht – als Freunde sich bemühten, Lessing durch den König in die Leitung der Berliner Bibliothek berufen zu lassen, schlug Friedrich das ab und wählte einen beliebigen Franzosen! Welch ein Zeitbild, das auch durch patriotischen Eifer nicht weggelöscht wird.«

(Heuss: Vor der Bücherwand. Tübingen: Rainer Wunderlich 1961. S. 47 u. 49)

VII. Literaturhinweise

1. Ausgaben

Gotthold Ephraim Lessings sämtliche Schriften. Hrsg. von Karl Lachmann. Dritte, auf's neue durchgesehene und vermehrte Auflage besorgt durch Franz Muncker. 23 Bde. Stuttgart, Leipzig u. Berlin 1886 bis 1924 (Bd. 17–21 Briefe von und an Gotthold Ephraim Lessing). (Zitiert als: Schriften.)

Lessings Werke. Vollständige Ausgabe in 25 Teilen. Hrsg. von Julius Petersen und Waldemar von Olshausen. 20 Bde. Berlin, Leipzig, Wien u. Stuttgart o. J. [1925–29]. (Zitiert als: Werke.)

Gotthold Ephraim Lessing: *Gesammelte Werke.* Hrsg. von Paul Rilla. 10 Bde. Berlin 1954–58, ²1968.

Gotthold Ephraim Lessing: *Werke.* In Zusammenarbeit mit [. . .] hrsg. von Herbert G. Göpfert. 8 Bde. München 1970 ff.

Minna von Barnhelm, oder das Soldatenglück. Faksimiledruck der Handschrift. Heidelberg 1926 (= Bibliotheca Manuscripta 1).

Minna von Barnhelm, oder das Soldatenglück. Faksimiledruck der Erstausgabe von 1767. Berlin 1928.

2. Dokumente

Julius W. Braun: *Lessing im Urtheile seiner Zeitgenossen.* Zeitungskritiken, Berichte und Notizen, Lessing und seine Werke betreffend, aus den Jahren 1747–1781. 3 Bde. Berlin 1884–97. (Zitiert als: Braun.)

Horst Steinmetz: *Lessing – ein unpoetischer Dichter.* Dokumente aus drei Jahrhunderten zur Wirkungsgeschichte Lessings in Deutschland. Frankfurt a. M. u. Bonn 1969.

Richard Daunicht: *Lessing im Gespräch.* Berichte und Urteile von Freunden und Zeitgenossen. München 1971.

Edward Dvoretzky: *Lessing.* Dokumente zur Wirkungsgeschichte 1755 bis 1968. 2 Teile. Göppingen 1971/72.

3. Forschungsberichte, Bibliographien

Karl S. Guthke: *Der Stand der Lessing-Forschung.* Ein Bericht über die Literatur von 1932–1962. (Referate aus der Deutschen Vierteljahrsschrift für Literaturwissenschaft und Geistesgeschichte.) Stuttgart 1965.

Karl S. Guthke: *Lessing-Literatur 1963–1968.* In: Lessing-Yearbook 1 (1969) S. 255 ff.

Lessing-Bibliographie. Bearb. von Siegfried Seifert. Berlin u. Weimar 1973.

4. Biographien und Gesamtdarstellungen

Karl G. Lessing: *Gotthold Ephraim Lessings Leben, nebst seinem noch übrigen literarischen Nachlasse.* 3 Bde. Berlin 1793–95. (Zitiert als: Lessings Leben.)

Th. W. Danzel u. G. E. Guhrauer: *Gotthold Ephraim Lessing. Sein Leben und seine Werke.* 2 Bde. Leipzig 1850–54. – 2. berichtigte u. vermehrte Aufl. hrsg. von W. von Maltzahn u. R. Boxberger. Berlin 1880/81. (Zitiert als: Danzel.)

Erich Schmidt: *Lessing. Geschichte seines Lebens und seiner Schriften.* 2 Bde. Berlin 1884–92, ⁴1923.

Franz Mehring: *Die Lessing-Legende. Eine Rettung.* Stuttgart 1893. Neudrucke Berlin 1963; Frankfurt a. M. 1974.

Karl Borinski: *Lessing.* 2 Bde. Berlin 1900 (= Geisteshelden 34.35).

Gustav Kettner: *Lessings Dramen im Lichte ihrer und unserer Zeit.* Berlin 1904. (Zitiert als: Kettner.)

Waldemar Oehlke: *Lessing und seine Zeit.* 2 Bde. München 1919, ²1929. (Zitiert als: Oehlke.)

Benno von Wiese: *Lessing. Dichtung, Ästhetik, Philosophie.* Leipzig 1931.

Otto Mann: *Lessing. Sein und Leistung.* Hamburg 1949, ²1961.

Heinrich Schneider: *Lessing. Zwölf biographische Studien.* Bern u. München 1951. – Neue Auflage u. d. T.: *Das Buch Lessing. Ein Lebensbild in Briefen, Schriften und Berichten.* Bern u. München 1961.

Paul Rilla: *Lessing und sein Zeitalter.* Berlin 1960 (auch in: Lessing, Gesammelte Werke. Bd. 10. Berlin 1958). Neudruck München 1973.

Wolfgang Ritzel: *Gotthold Ephraim Lessing.* Stuttgart, Berlin, Köln u. Mainz 1966.

Kurt Wölfel: *Lessings Leben und Werk in Daten und Bildern.* Frankfurt a. M. 1967.

Karl S. Guthke: *Gotthold Ephraim Lessing.* Stuttgart ²1973.

5. Einzelne Aspekte

Fritz Brüggemann (Hrsg.): *Der Siebenjährige Krieg im Spiegel der zeitgenössischen Literatur.* Leipzig 1935. Nachdruck Darmstadt 1966.

Hans Rempel: *Tragödie und Komödie in dramatischen Schaffen Lessings.* Berlin 1935. Nachdruck Darmstadt 1967.

Wolfgang Schaer: *Die Gesellschaft im deutschen bürgerlichen Drama des 18. Jahrhunderts. Grundlagen und Bedrohung im Spiegel der dramatischen Literatur.* Bonn 1963.

Helmut Göbel: *Bild und Sprache bei Lessing.* München 1971.

Jürgen Schröder: *Gotthold Ephraim Lessing. Sprache und Drama.* München 1972.

Wilfried Barner u. a.: *Lessing. Epoche – Werk – Wirkung.* München 1975.

6. Zu »Minna von Barnhelm«

Robert Boxberger: *Die politische Bedeutung von Lessings ›Minna von Barnhelm‹.* In: Neue Jahrbücher für Philosophie und Pädagogik 24 (1878) S. 600–608.

Gustav Kettner: *Über Lessings Minna von Barnhelm.* Berlin 1896.

Josef Caro: *Lessing und die Engländer.* In: Euphorion 6 (1899) S. 465–490.

J. G. Robertson: *Lessing and Farquhar.* In: Modern Language Review 2 (1906) S. 56 ff.

Otto Spieß: *Die dramatische Handlung in Lessings ›Emilia Galotti‹ und ›Minna von Barnhelm‹.* Ein Beitrag zur Technik des Dramas. Halle 1911 (= Bausteine zur Geschichte der neueren deutschen Literatur 6).

Robert Petsch: *Die Kunst der Charakteristik in Lessings Minna von Barnhelm.* In: Zeitschrift für deutschen Unterricht 26 (1912) S. 289–305.

Heinrich Meyer-Benfey: *Lessings Minna von Barnhelm.* Göttingen 1915 (= Klassische Dramen 1).

Karl Holl: *Geschichte des deutschen Lustspiels.* Leipzig 1923. Neudruck Darmstadt 1964. S. 179–185.

Edward V. Brewer: *Lessing and ›The Corrective Virtue in Comedy‹.* In: The Journal of English and Germanic Philology 26 (1927) S. 1–23.

Oskar Walzel: *Von ›Minna‹ zur ›Emilia‹.* In: Germanisch-Romanische Monatsschrift 15 (1927) S. 18–35.

Julius Schwering: *Minna von Barnhelm.* In: J. Sch., Literarische Streifzüge und Lebensbilder. Münster 1930. S. 189–195.

F. W. Kaufmann: *Lessings Minna von Barnhelm.* In: Monatshefte für deutschen Unterricht (Madison) 24 (1932) S. 136–140.

Lotte Labus: *›Minna von Barnhelm‹ auf der deutschen Bühne.* Diss. Berlin 1936. (Zitiert als: Labus.)

Otto Mann: *Grundlagen und Gestaltung des Lessingschen Humors.* In: Zeitschrift für Ästhetik 31 (1937) S. 1–31.

Fernand Baldensperger: *L'original probable de Riccaut de la Marlinière dans la ›Minna von Barnhelm‹ de Lessing.* In: Neophilologus 23 (1937/38) S. 266–271.

Gerhard Fricke: *Lessings ›Minna von Barnhelm‹.* Eine Interpretation. In: Zeitschrift für Deutschkunde 53 (1939) S. 273–292. – Wiederabdrucke in: G. F., Vollendung und Aufbruch. Reden und Aufsätze zur deutschen Dichtung. Berlin 1943, S. 133–157, und G. F., Studien und Interpretationen zur deutschen Dichtung. Frankfurt a. M. 1956, S. 25–46.

Heinz Stolte: *Lessings ›Minna von Barnhelm‹.* In: Zeitschrift für deutsche Bildung 17 (1941) S. 71–80.

Wolfram List: *Preußische Ehre im klassischen Drama.* In: Dichtung und Volkstum (Euphorion) XLII (1942) 2. Heft, S. 46–55.

Emil Staiger: *Lessing's Minna von Barnhelm.* In: German Life and Letters. Vol. I (1947/48) S. 260–271. – Wiederabdruck in: E. St., Die Kunst der Interpretation. Studien zur deutschen Literaturgeschichte. Zürich 1955. S. 75–96.

Paul Böckmann: *Formgeschichte der deutschen Dichtung.* Hamburg 1949. S. 530–546.

Robert R. Heitner: *Concerning Lessing's indebtness to Diderot.* In: Modern Language Notes 65 (1950) S. 82–88.

Hilde D. Cohn: *Die beiden Schwierigen im deutschen Lustspiel. Lessing, Minna von Barnhelm – Hofmannsthal, Der Schwierige.* In: Monatshefte für deutschen Unterricht (Madison) 44 (1952) S. 257–269.

Theodorus Cornelius van Stockum: *Lessing und Diderot.* In: Neophilologus 39 (1955) S. 191–202.

Hans Stoffel: *Die Wirkung Molières auf die Entfaltung des deutschen Lustspiels der Aufklärung bis zu Lessings ›Minna von Barnhelm‹.* Diss. (masch.) Heidelberg 1955.

Karl Maier: *Untersuchungen zur Struktur des höheren Humors im deutschen Lustspiel. Unter besonderer Berücksichtigung der Stücke ›Minna von Barnhelm‹ von Lessing und ›Der Schwierige‹ von Hofmannsthal.* Diss. (masch.) Tübingen 1957.

Albert Reh: *Der komische Konflikt. Eine Untersuchung über das Wesen des Komischen in der Komödie von Lessing und Kleist.* Diss. (masch.) München 1957.

Otto Mann: *Lessing, Minna von Barnhelm.* In: Das deutsche Drama vom Barock bis zur Gegenwart. Interpretationen. Hrsg. von Benno von Wiese. Bd. 1. Düsseldorf 1958. S. 79–100.

E. L. Norwood: *Lessing and sentimentalism.* Diss. University of Wisconsin 1958 (Bericht in: Dissertations Abstracts Bd. 19, 1959).

Karl S. Guthke: *Geschichte und Poetik der deutschen Tragikomödie.* Göttingen 1961. S. 32 ff.

Georg Lukács: *Minna von Barnhelm.* In: G. L., Sämtliche Werke. Bd. 7 Deutsche Literatur in zwei Jahrhunderten. Neuwied 1964. S. 21–38. – Wiederabdrucke in: Akzente 11 (1964) S. 176–191, und: G. E. Lessing. Darmstadt 1968. S. 427–447 (= Wege der Forschung CCXI).

Fritz Martini: *Riccaut, die Sprache und das Spiel in Lessings Lustspiel ›Minna von Barnhelm‹.* In: Formenwandel, Festschrift für Paul Böckmann. Hamburg 1964. S. 193–235. – Wiederabdruck in: G. E. Lessing, hrsg. von G. u. S. Bauer. Darmstadt 1968. S. 376–426 (= Wege der Forschung CCXI).

Ilse Appelbaum-Graham: *The Currency of Love. A Reading of Lessing's ›Minna von Barnhelm‹.* In: German Life and Letters 18 (1964/65) S. 270–278.

Richard Gerber: *Vom Geheimnis der Namen. Eine onomastische Studie über Lessings dramatisches Werk.* In: Neue Rundschau 76 (1965) S. 573–586.

Walter Hinck: *Das deutsche Lustspiel des 17. und 18. Jahrhunderts und die italienische Komödie.* Stuttgart 1965. S. 287–301 (= Germanistische Abhandlungen 8). (Zitiert als: Hinck.)

Wolfgang F. Michael: *Tellheim als Lustspielfigur.* In: Deutsche Vierteljahresschrift für Literaturwissenschaft und Geistesgeschichte 39 (1965) S. 207–212.

Raimund Belgardt: *Minna von Barnhelm als komischer Charakter.* In: Monatshefte für den deutschen Unterricht (Madison) LVIII (1966) S. 209–216.

Michael M. Metzger: *Lessing and the Language of Comedy.* Den Haag u. Paris 1966. S. 188–237 (= Studies in German Literature 8).

Horst Steinmetz: *Die Komödie der Aufklärung.* Stuttgart 1966. S. 63–69 (= Sammlung Metzler 47).

Raimund Belgardt: *Tellheim's Honor – a flaw or virtue?* In: Germanic Review XLII (1967) S. 16–29.

Benno von Wiese: *Tellheim und Minna. Einige Bemerkungen zur Minna von Barnhelm.* In: Un Dialogue des Nations, Albert Fuchs zum 70. Geburtstag. München u. Paris 1967. S. 21–31. Wiederabdruck in: B. v. W., Von Lessing bis Grabbe. Studien zur deutschen Klassik und Romantik. Düsseldorf 1968. S. 11–22.

Helmut Arntzen: *Die ernste Komödie. Das deutsche Lustspiel von Lessing bis Kleist.* München 1968. S. 25–45.

Rudolf Augstein: *Preußens Friedrich und die Deutschen.* Frankfurt a. M. 1968 (zu ›Minna von Barnhelm‹ S. 89–94 u. 117–122).

Hans-Egon Hass: *Lessings ›Minna von Barnhelm‹.* In: Das deutsche Lustspiel, Bd. 1. Hrsg. von Hans Steffen. Göttingen 1968. S. 27–47.

Helmut Prang: *Geschichte des Lustspiels von der Antike bis zur Gegenwart.* Stuttgart 1968. S. 157–162.

Werner Schwan: *Justs Streit mit dem Wirt. Zur Frage des Lustspielbeginns und der Exposition in Lessings ›Minna von Barnhelm‹.* In: Jahrbuch der deutschen Schillergesellschaft 12 (1968) S. 170–193.

Dieter Hildebrandt: *Gotthold Ephraim Lessing, Minna von Barnhelm. Text und Dokumentation.* Frankfurt a. M. u. Berlin 1969 (= Dichtung und Wirklichkeit 30).

Jürgen Schröder: *Das parabolische Geschehen der ›Minna von Barnhelm‹.* In: Deutsche Vierteljahrsschrift für Literaturwissenschaft und Geistesgeschichte 43 (1969) S. 222–259.

Peter Bruce Waldeck: *Lessings Minna von Barnhelm und Plautus' Amphitruo.* In: Orbis litterarum 24 (1969) S. 16–34.

Peter Weber: *Lessings ›Minna von Barnhelm‹. Zur Interpretation und literarhistorischen Charakteristik des Werkes.* In: H. G. Thalheim und U. Wertheim (Hrsg.): Studien zur Literaturgeschichte und Literaturtheorie. Berlin 1970. S. 10–57.

Leonard P. Wessell und Charles M. Barrack: *The Tragic Background to Lessings Comedy Minna von Barnhelm.* In: Lessing-Yearbook 2 (1970) S. 149–161.

Herbert Anton: *›Minna von Barnhelm‹ und Hochzeiten der Philologie und Philosophie.* In: Theorie literarischer Texte. Neue Hefte für Philosophie 4 (1973) S. 74–102.

Ilse Graham: *›Minna von Barnhelm‹. The Currency of Love.* In: I. G., Goethe and Lessing. The Wellsprings of Creation. London 1973. S. 167 bis 176.

Peter Michelsen: *Die Verbergung der Kunst. Über die Exposition in*

Lessings ›Minna von Barnhelm‹. In: Jahrbuch der deutschen Schiller-gesellschaft 17 (1973) S. 192–252.

Heinz Schlaffer: *Tragödie und Komödie. Ehre und Geld. Lessings ›Minna von Barnhelm‹*. In: H. Sch., Der Bürger als Held. Sozialgeschichtliche Auflösungen literarischer Widersprüche. Frankfurt a. M. 1973. S. 86 bis 125.

Hinrich C. Seeba: *Die Liebe zur Sache. Öffentliches und privates Interesse in Lessings Dramen*. Tübingen 1973. S. 10–28 und 65–85.

Horst Steinmetz: *Minna von Barnhelm oder die Schwierigkeit, ein Lustspiel zu verstehen*. In: Wissen aus Erfahrungen. Festschrift für Herman Meyer zum 65. Geburtstag. In Verbindung mit [. . .] hrsg. von A. v. Bormann, Tübingen 1976. S. 135–153.

Jürgen Schröder: *Gotthold Ephraim Lessing. Minna von Barnhelm*. In: Walter Hinck (Hrsg.): Die deutsche Komödie. Vom Mittelalter bis zur Gegenwart. Düsseldorf 1977. S. 49–65 und 368–370.

7. Tonband

Gotthold Ephraim Lessing: *Minna von Barnhelm*. Regie Robert Michal. Musik Johannes Weissenbach. München: Institut für Film und Bild in Wissenschaft und Unterricht, 1956. (Tonband 20 0065. Compactkassette 22 0065.)

Für die freundliche Genehmigung zum Abdruck von Zitaten und Auszügen aus urheberrechtlich geschützten Werken danken Herausgeber und Verlag den einzelnen Rechteinhabern. Die genauen Quellennachweise finden sich jeweils unter den Zitaten.